Original en couleur

NF Z 43-120-8

COUVERTURES
supérieure
& inférieure

Contraste insuffisant
NF Z 43-120-14

CONTRASTE IRREGULIER

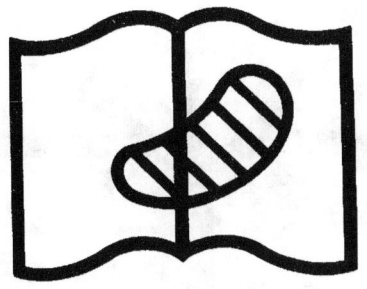

ILLISIBILITE PARTIELLE

RELIURE SERRÉE
ABSENCE DE MARGES INTÉRIEURES

Au bout du fossé la culbute.

ANCIENS & NOUVEAUX
PROVERBES

L'Enseigne ne fait pas la Maison.

ANCIENS ET NOUVEAUX

PROVERBES

Proverbe n° 214

Menteur... comme un arracheur de dents.

ANCIENS ET NOUVEAUX

PROVERBES

SENTENCES, MAXIMES, DICTONS

COMIQUES, AMUSANTS ET CURIEUX

suivis de :

Tout est bien qui finit bien,

PROVERBE EN PROVERBES;

ET D'UN NOUVEAU CHOIX D'ANECTODES ET CONTES JOYEUX

ILLUSTRÉS DE

Dessins-charges PAR **CHAM**

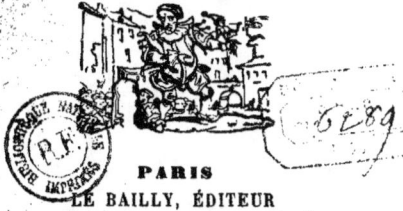

PARIS

LE BAILLY, ÉDITEUR

RUE DE L'ABBAYE SAINT-GERMAIN-DES-PRÉS, **2 BIS,**

ANCIENS ET NOUVEAUX

PROVERBES

L'ANNÉE PROVERBIALE

Une sentence ou un proverbe par jour.

1. Les absents ont toujours tort... qu'on les oublie ou qu'on parle d'eux.
2. Trop parler nuit : trop gratter cuit.
3. Mieux vaut ployer que rompre..... même quand on est de bois.
4. Il faut boire le vin quand il est versé.
5. On ne peut tirer de farine d'un sac à charbon.
6. Qui se sent morveux se mouche.
7. Les bons comptes font les bons amis.
8. A qui veut mal, le mal arrive.

9. N'est pas bon menteur qui ne possède une bonne mémoire.

10. Quand la poule chante plus haut que le coq, il faut lui rabattre le caquet.

11. Il n'est si petit pot qui ne trouve son couvercle.

12. Celui qui porte sa chaussure juste, n'a pas toujours la conscience pareille.

13. Il vaut mieux dormir dans de mauvais draps que dans des draps pris.

14. Tout est contraste dans la nature, les fiévreux tremblent de froid parce qu'ils brûlent.

15. Goutte à goutte, la pierre se creuse.

16. Abondance de biens ne nuit pas.

17. Loin des yeux, loin du cœur.

18. On connaît l'homme par ses actions.

19. Il faut saisir la balle au bond.

20. A bon chat, bon rat.

21. Chaque jour amène son pain.

22. Bon ami passe mauvais parent.

23. Mieux vaut tuer le diable que le diable vous tue.

24. Il ne faut pas juger le sac à l'étiquette.

25. Ventre affamé n'a pas d'oreilles.

26. Un bienfait n'est jamais perdu.

27. Pas de rose sans épine, pas de plaisir sans peine.

28. Chien en vie vaut mieux que lion mort.

29. Un averti en vaut deux.

30. La nuit porte conseil.

31. A quelque chose malheur est bon.

32. Qui vit mal craint toujours.

33. A sotte demande, point de réponse.

34. Payer ses dettes, c'est s'enrichir.

35. Ne faites pas à autrui ce que vous ne voudriez pas qu'on vous fît.

36. Les bons maîtres font les bons valets.

37. Il est plus beau de donner que de recevoir.

38. Tout par douceur et rien par force.

39. Petite pluie abat grand vent.

40. Qui ne doute de rien, ne sait rien.

41. Les petits ruisseaux font les grandes rivières.

42. A toujours en retirer, à n'y rien mettre, il n'est sac qui ne se vide.

43. Selon ta bourse, gouverne ta bouche.

44. Ne jetons pas le manche après la cognée.

45. Mieux vaut se coucher sans souper que de se lever avec des dettes.

46. L'homme propose, Dieu dispose.

47. L'habitude est une seconde nature.

48. Mal d'autrui ne nous touche guère.

49. Avec la volonté, on vient à bout de tout.

50. Tout vient à point à qui sait attendre.

51. Erreur n'est pas compte.

52. Qui prouve trop, ne prouve rien.

53. Délibère lentement, exécute promptement.

54. Chat échaudé craint l'eau froide.

55. La familiarité engendre le mépris.

56. L'amour d'une mère est le meilleur amour.

57. Bouche de miel, main de fiel.

58. Toutes les fautes sont personnelles.

59. Ce que femme veut, Dieu le veut.

60. Temps pommelé, pomme ridée, femme fardée, ne sont pas de longue durée.

61. La fin couronne l'œuvre.

62. Tel se croit sage qui souvent est fou.

63. La raison du plus fort n'est pas toujours la meilleure.

64. Les battus payent l'amende.

65. La caque sent toujours le hareng.

66. Qui ne hasarde rien, n'a rien.

67. Un marchand de vins peut devenir teinturier.

68. Quand on doit ce qu'on a, on n'a pas ce qu'on doit.

69. La franchise est souvent le masque de l'insolence ou de la brutalité.

70. Ne remettez jamais au lendemain ce que vous pouvez faire le jour même.

71. Où la force règne, la raison perd ses droits.

72. Être sage, c'est savoir se connaître.

73. Il n'y a que les honteux qui perdent.

74. Le fruit qu'on ne peut atteindre est toujours trop vert.

75. Nécessité est mère de l'invention.

76. Nourrissez un corbeau, il vous crèvera l'œil.

77. Le bon pâtit pour le méchant.

78. Quand on veut tuer son chien, on dit qu'il est enragé.

79. Les gros poissons mangent les petits.

80. Comme on connaît les saints, on les honore.

81. L'intention est réputée pour le fait.

82. Jeu de main, jeu de vilain.

83. Si jeunesse savait, si vieillesse pouvait, jamais rien ne manquerait.

84. Il meurt autant de veaux que de bœufs.

85. A tout seigneur, tout honneur.

86. Qui n'entend qu'une cloche, n'entend qu'un son.

87. Charbonnier est maître chez lui.

88. Une conscience pure est la meilleure loi.

89. Cherche le bien, mais attends le mal.

90. Un malheureux n'a pas souvent d'amis.

91. Marchand qui perd ne peut rire.

92. Contentement passe richesse.

93. Vouloir, c'est pouvoir.

94. Le bonheur est dans la médiocrité.

95. Homme sourd et femme aveugle feront toujours bon ménage.

96. Bon sang ne peut mentir.

97. On ne peut manger à deux rateliers à la fois.
98. On est bien venu quand on apporte.
99. Fais ce que dois, advienne que pourra.
100. De trop près qui se chauffe, se brûle.
101. Les bêtes nous apprennent à vivre.
102. Vas où tu peux, meurs où tu dois.
103. L'art perfectionne la nature.
104. Nécessité n'a pas de loi.
105. Les cordonniers sont les plus mal chaussés.
106. Tout nouveau, tout beau.
107. Chaque chose à son temps.
108. L'occasion fait le larron.
109. L'oisiveté est mère de tous les vices.
110. Ne mettez pas la lumière sous le boisseau.
111. Bon ouvrier se sert bien d'un mauvais outil.
112. Le paresseux est toujours pauvre.
113. Tout chemin mène à Rome.
114. Parler est bien, agir vaut mieux.
115. Tout ce qui est violent n'est pas durable.
116. Qui a bu, boira ; qui a joué, jouera.
117. Petit à petit, l'oiseau fait son nid.
118. Nul n'est prophète en son pays.
119. Pour un plaisir, mille douleurs.
120. La voix du peuple est la voix de Dieu.
121. Quand on n'avance pas, on recule.
122. Les yeux sont les miroirs de l'âme.

123. Jamais long nez n'a gâté beau visage.

124. A l'impossible, nul n'est tenu.

125. Il faut garder une poire pour la soif.

126. A bon vin pas d'enseigne.

127. N'éveillez pas le chat qui dort.

128. Deux yeux voient mieux qu'un.

129. Qui compte sans son hôte, compte deux fois.

130. Tel rit le vendredi, qui pleurera le dimanche.

131. Les railleurs sont souvent raillés.

132. Après la pluie, vient le beau temps.

133. Qui mal veut, mal lui arrive.

134. Tant va la cruche à l'eau qu'elle se casse.

135. Il ne faut jurer de rien.

136. Chose promise, chose due.

137. A brebis tondue, Dieu mesure le vent.

138. On ne sait ni qui vit ni qui meurt.

139. Le remède est parfois pis que le mal.

140. Qui casse les verres les paye.

141. Flattez un chien, il vous caressera.

142. L'exception confirme la règle.

143. Il n'y a pas de feu sans fumée.

144. La chair nourrit la chair.

145. Adieu paniers, vendanges sont faites.

146. Mieux vaut aller au moulin qu'au médecin.

147. Après le repas, le feu ou le pas.

148. Si votre chemise sait votre secret, brûlez-la.

149. Toute vérité n'est pas bonne à dire.
150. A vouloir blanchir un nègre, on use son savon.
151. Dis-moi qui tu hantes, je te dirai qui tu es.
152. Qui se ressemble se rassemblent.
153. Quatre yeux voient mieux que deux.
154. Tous songes, tous mensonges.
155. La faim est un bon cuisinier.
156. L'appétit vient en mangeant.
157. Une hirondelle ne fait pas le printemps.
158. Il faut casser la noix pour avoir le noyau.
159. Tout n'est que vanité.
160. Il faut toujours respecter la vieillesse.
161. Pierre qui roule n'amasse pas mousse.
162. Il fait bon d'avoir des amis partout.
163. On n'est jamais sali que par la boue.
164. Nos cinq doigts ne se ressemblent pas.
165. On n'engraisse pas les cochons avec de l'eau claire.
166. Qui prend femme, prend maître.
167. Au bout du fossé, la culbute.
168. Un mors doré ne rend pas le cheval meilleur.
169. Chacun se plaint de son métier.
170. Morte la bête, mort le venin.
171. Il vaut mieux suer que trembler.
172. Ce qu'on méprise est souvent utile.
173. Qui voit ses veines, voit ses peines.

Proverbe n° 20

À bon chat, bon rat.

174. Qui dort dîne
175. Qui ne dit mot consent.
176. La nuit, tous les chats sont gris.
177. Qui ne se mêle de rien a toujours la paix.
178. A l'œuvre on connaît l'ouvrier.
179. Besogne commencée est à moitié faite.
180. Toute médaille a son revers.
181. L'œil du maître engraisse le cheval.
182. Il faut semer pour recueillir.
183. A chemin battu, il n'y a pas d'herbe.
184. Les petits cadeaux entretiennent l'amitié.
185. Qui aime Bertrand aime son chien.
186. Froides mains, chaudes amours.
187. Marchand d'ognons se connaît en ciboules.
188. Tout ce qui luit n'est pas or.
189. Clé d'argent ouvre toute porte.
190. A père avare, enfant prodigue.
191. Qui bâtit ment, qui bâtit pâtit.
192. La faim fait sortir le loup du bois.
193. Les bonnes gens sont faciles à tromper.
194. Le temps est le meilleur médecin.
195. Le chagrin ne paye pas un liard de dette.
196. Nul ne peut servir deux maîtres.
197. Quand on est bien, il faut s'y tenir.
198. Cœur qui soupire n'a pas ce qu'il désire.
199. Comparaison n'est pas raison.

200. La critique est aisée et l'art est difficile.
201. Ce qui est différé n'est pas perdu.
202. Gros gagneur, gros dépenseur.
203. Est assez riche qui ne doit rien.
204. Voyage de maître, noce de valets.
205. Trois déménagements valent un incendie.
206. Les mots s'envolent, l'écriture reste.
207. Chaque oiseau trouve son nid beau.
208. Il n'y a que le premier pas qui coûte.
209. Aide-toi, le ciel t'aidera.
210. Tout ce qui branle ne tombe pas.
211. Il n'est personne qui ne se trompe.
212. Mieux vaut faire envie que pitié.
213. La terre couvre les fautes des médecins.
214. Menteur... comme un arracheur de dents.
215. La prudence est mère de la sûreté.
216. Dans un vieux pot on fait de bonne soupe.
217. Le plus grand saint pèche sept fois par jour.
218. Femme sage reste à son ménage.
219. Rira bien qui rira le dernier.
220. Fin contre fin n'est pas bon pour doublure.
221. Plus on est de fous, plus on rit.
222. Les honneurs changent les mœurs.
223. Il faut avoir plusieurs cordes à son arc.
224. Souris qui n'a qu'un trou est bientôt prise.
225. Qui trop embrasse, mal étreint.

226. Assez y a, si trop y a.

227. Un homme sans abri est un oiseau sans nid.

228. On fait mal une chose quand on la fait à bâtons rompus.

229. Laboure bien profondément, tu recueilleras abondamment.

230. Année de vin, point d'avoine.

231. Il n'y a pas de belles prisons, ni de laides amours.

232. Le miel n'est pas fait pour la gueule de l'âne.

233. Quand le puits est sec, on connaît la valeur de l'eau.

234. Chance vaut mieux que bien jouer.

235. L'enfer est pavé de bonnes intentions.

236. Bon chien n'aboie pas à faux.

237. Il faut que tout le monde vive.

238. Être son maître vaut de l'or.

239. Qui fait la loi, doit la respecter.

240. Se battre ou se marier ne doit se conseiller.

241. Comme on fait son lit on se couche.

242. C'est le ton qui fait la musique.

243. Qui n'a qu'un habit n'en a pas.

244. A beau mentir qui vient de loin.

245. La sauce fait manger le poisson.

246. Il ne faut pas dire : Fontaine, je ne boirai pas de ton eau.

247. Un peu d'aide fait grand bien.

248. Laissons passer les plus pressés.

249. Curiosité n'est pas vice.

250. Il ne faut pas tant de beurre pour faire un quarteron.

251. Cherchez et vous trouverez.

252. Bienheureux les pauvres d'esprit.

253. Promettre et tenir sont deux.

254. Qui se fait mouton, le loup le mange.

255. En tout, il faut considérer la fin.

256. Faute d'un moine, l'abbaye ne meurt pas.

257. Je ne me chauffe pas de ce bois-là.

258. A trop tirer, la corde casse.

259. Petit poisson deviendra grand.

260. Ce n'est pas l'enseigne qui fait la maison.

261. Où il y a de la gêne, il n'y a pas de plaisir.

262. Il ne faut pas jouer avec le feu.

263. Qui veut voyager loin, ménage sa monture.

264. On a tous les ans douze mois.

265. Il n'est pire eau que l'eau qui dort.

266. Ça n'est pas tous les jours fête.

267. Il faut être de son temps.

268. Il est un dieu pour les ivrognes.

269. Les sots, depuis Adam, sont en majorité.

270. C'est en forgeant qu'on devient forgeron.

271. Chaque chose a son agrément.

272. On ne badine pas avec l'amour.

273. Il faut hurler avec les loups.

274. La mauvaise herbe croît toujours.
275. L'homme s'agite et Dieu le mène.
276. Bien perdu ne profite à personne.
277. N'est pas marchand qui toujours gagne.
278. Il faut en prendre et en laisser.
279. A trompeur, trompeur et demi.
280. Ce qui abonde ne nuit pas.
281. Chacun pour soi, Dieu pour tous.
282. La belle plume fait le bel oiseau.
283. Ne mettez pas la pièce à côté du trou.
284. Le lièvre revient toujours à son gîte.
285. Qui perd, gagne souvent.
286. Ventre de son, robe de velours.
287. Le loup mourra dans sa peau.
288. Quand la poire est mûre, elle tombe.
289. Qui donne mal, ne donne rien.
290. Toute chose n'a qu'un temps.
291. L'occasion perdue ne se retrouve pas.
292. L'orgueil amène l'écrasement.
293. La paresse a beaucoup d'amis.
294. A bon entendeur il ne faut qu'une parole.
295. Coup de langue est pire que coup de
296. N'a pas fini qui commence.
297. D'un seul coup on n'abat pas un chêne.
298. Il n'y a pas de petit chez soi.
299. Une vie régulière est le meilleur médecin.

300. Il ne faut pas s'embarquer sans biscuit.

301. Chi va piano, va sano, chi va sano, va lontano.

302. On meurt comme on a vécu.

303. Qui veut battre son chien trouve assez de bâtons.

304. Il ne faut qu'une étincelle pour allumer un incendie.

305. Un homme d'honneur n'a que sa parole.

306. Tel doigt, telle bague.

307. Quand on ne peut mordre, il ne faut pas aboyer.

308. Il n'y a que les sots qui se vantent.

309. Tout mauvais cas est niable.

310. De deux maux, il faut choisir le moindre.

311. L'injustice retombe sur celui qui l'a faite.

312. A chacun sa marotte.

313. Où l'on est bien, il faut savoir se tenir.

314. La maladie vient à cheval et s'en retourne à pied.

315. Le bon vin fait le bon vinaigre.

316. Jeunesse qui veille et vieillesse qui dort sont deux signes de mort.

317. Moineau en main vaut mieux que poule qui vole.

318. Pas de grand homme pour son valet de chambre.

319. La vérité, comme l'huile, s'élève au-dessus de tout.

320. Il faut vieillir ou mourir jeune.

321. Le vin trouble ne casse pas les dents.

322. Plus d'un âne à la foire est appelé Martin.

323. Au gueux la besace.

324. On ne peut pas peigner un diable qui n'a pas de cheveux.

325. Les plus forts font souvent la loi.

326. On mange bien des perdrix sans orange.

327. Il n'y a que le premier pas qui coûte.

328. Un voleur qui en vole un autre, le diable en rit.

329. Sans pain, sans vin, amour n'est rien.

330. Le joueur n'a pas besoin de cordon à sa bourse.

331. La lisière est pire que le drap.

332. Qui ne nourrit pas le chat, nourrit le rat.

333. Langue muette n'est jamais battue.

334. Ce n'est pas celui qui gagne l'avoine qui la mange.

335. Qui bon l'achète, bon le boit.

336. Au mauvais chemin, double le pas.

337. Faute de foin au râtelier les chevaux se battent.

338. Ami au prêter, ennemi au rendre.

339. Tout par amour et rien par force.

340. Mieux vaut être marteau qu'enclume.

341. Chacun cherche son semblable.

342. Donner aux pauvres ne ruine jamais.

343. Le bonheur dépend toujours de soi.

344. C'est le ventre qui fait aller les pieds.

345. Des femmes et des chevaux, il n'en est pas sans défauts.

346. Quand le diable devient vieux, il se fait ermite.

347. Qui doit a tort ; qui répond paye.

348. Tel père, tel fils.

349. Ne mange pas ton blé en vert.

350. Charité bien ordonnée commence par soi-même.

351. La bonne volonté est réputée pour le fait.

352. La fourmi même a sa colère.

353. Chacun son métier, et les vaches seront bien gardées.

354. A tout péché, miséricorde.

355. Il ne faut pas vendre la peau de l'ours avant de l'avoir tué.

356. Tête de fou ne blanchit pas.

357. L'amour et la fortune sont aveugles.

358. Guerre et pitié ne s'accordent pas ensemble.

359. Ne méprise pas ce que tu ne connais pas.

360. Partage de lion : tout d'un côté, rien de l'autre.

361. Rendez à César ce qui est à César et à Dieu ce qui est à Dieu.

362. Bon coq est fort sur son fumier.

363. Gardez-vous de qui n'a rien à perdre.

364. Au pied du mur, on voit le maçon.

365. Le papier supporte tout.

Hippolyte DEMANET.

Proverbe n° 255

En tout, il faut considérer la fin.

TOUT EST BIEN QUI FINIT BIEN !

PROVERBE EN PROVERBES

PERSONNAGES :
{ Madame BONBEC.
{ PIERRE, son mari.
{ Le docteur TRANQUILLE.

SCÈNE Iᵉ. — MADAME BONBEC.

Sept heures, et Pierre n'est pas rentré. Mon époux est encore au cabaret ! Patience : tel qui rit vendredi, dimanche... (*S'interrompant.*) Ah ! quand on parle du loup...

SCÈNE II. — MADAME BONBEC, PIERRE.

PIERRE.

Bonsoir ! Le dîner est-il prêt ?

MADAME BONBEC.

Il est belle heure pour se mettre à table ; mais, tant va la cruche à l'eau...

PIERRE.

Voyons, mam' Bonbec, ne défile pas tes proverbes. A table !

MADAME BONBEC.

Monsieur voudrait manger tranquillement, mais je te dirai ton fait : qui aime bien châtie bien ! D'ailleurs : tout passe, tout lasse, tout casse !

PIERRE.

Ventre affamé n'a pas d'oreilles !

MADAME BONBEC.

Qui veut la fin veut les moyens.

PIERRE.

Je ne la veux pas, la *faim*, je l'ai.

MADAME BONBEC.

Ah ! c'est au fond du pot qu'on trouve la lie !... Plus on est bon, plus le loup vous croque !

PIERRE.

J'enrage ! Si tu crois me rassasier avec tes sornettes,

MADAME BONBEC.

On prend le bœuf par les cornes, et l'homme par les paroles ! J'oublie qu'on ne doit pas parler de corde dans la maison d'un pendu !

PIERRE.

N'éveille pas le chat qui dort. Il n'est si bon cheval qui ne bronche. Je consens à faire contre fortune bon cœur ; cependant trop gratter cuit, trop parler nuit !

MADAME BONBEC.

Voilà qui est parler ; seulement, il faut prendre le temps comme il vient.

PIERRE.

Ma soupe !

MADAME BONBEC.

Le miel n'est pas fait pour la gueule de l'âne !

PIERRE, *avec colère.*

De l'âne !... C'est une personnalité ! (*Il bat sa femme.*) Tiens !... tiens !... tiens !

MADAME BONBEC, *criant.*

Au secours !... au meurtre !... à l'aide !

SCÈNE III.—Les Mêmes, LE DOCTEUR TRANQUILLE.

LE DOCTEUR.

Hé là ! mes bons amis, que se passe-t-il donc ici ? On vous entend de chez moi. Pourquoi ce tapage ?

MADAME BONBEC.

Ah ! monsieur le docteur, vous voyez une femme bien malheureuse. Quand il n'y a point de foin au râtelier les chevaux se battent ! Pour bien connaître un homme, il faut avoir mangé un minot de sel avec lui. Hélas ! là où la chèvre est attachée il faut qu'elle broute !

LE DOCTEUR.

Qui n'entend qu'une cloche n'entend qu'un son. — Expliquez-vous, Pierre.

PIERRE.

Monsieur le docteur, la mère Bonbec me sert, en guise de souper, un tas de balivernes.

MADAME BONBEC.

Il ne dit pas qu'il m'a battue.

LE DOCTEUR.

Pierre a eu tort. Plus fait douceur que violence ! On prend plus de mouches avec une cuillerée de miel qu'avec un tonneau de vinaigre.

PIERRE.

La raison du plus fort est toujours la meilleure.

LE DOCTEUR.

Ce que vous dites là est mal : il faut laisser la poule en vie, encore qu'elle ait la pépie.

PIERRE.

Nul ne sait où le soulier le blesse que celui qui le porte... A force d'entendre des proverbes, je prends la sotte habitude d'en enfiler aussi.

LE DOCTEUR.

Les proverbes ont du bon : Molière, Boileau, La Fontaine, Benjamin Franklin, Florian, nous en ont légué de très-sages. Le jour où l'on en formera un recueil, on publiera le vrai conseiller du peuple !

MADAME BONBEC.

Allons, je vais servir le souper. A table, monsieur le docteur : faute de grives on mange des merles. A table!

LE DOCTEUR.

Merci, la sobriété conserve la santé.

PIERRE.

Pas de cérémonie : la table prie les gens.

LE DOCTEUR.

Je vous remercie de tout cœur, mais je n'ai besoin de rien. Je vais remonter chez moi. Vous ne vous disputerez plus, n'est-ce pas ?

PIERRE.

Je vous le promets, monsieur le docteur. Le souper me rend ma belle humeur. La mère Bonbec bavarde comme une corneille qui abat des noix, mais elle cuisine dans la perfection.

LE DOCTEUR.

Je vois avec plaisir que vous rendez justice à ses talents culinaires.

MADAME BONBEC.

Mieux vaut belle panse que belle manche !

LE DOCTEUR.

Allons, bonne nuit, mes chers voisins. Qui a bien dormi ne se lève pas à midi. Parfait sommeil donne agréable réveil ! — Je suis heureux de voir que l'accord est rétabli entre vous : — Cette soirée justifie le titre d'une comédie d'un grand écrivain anglais : « *Tout est bien qui finit bien !* »

ADOLPHE JOLY.

CE FUTÉ DE COLAS

VAUDEVILLE EN UN ACTE

PERSONNAGES :

COLAS, jeune paysan, riche et prétentieux.
TOINETTE, villageoise devenue Parisienne.

(Intérieur d'une maison rustique. — Ameublement aisé. — Dressoir, horloge, table et chaises. — Porte au fond donnant sur la campagne. — Porte à droite, menant dans la chambre à coucher.)

SCÈNE Ire. — COLAS seul, endimanché.

Hein, quéque vous en dites ?... Est-on ben mignon ? Est-on ben astiqué ? J'ons une scélérate de prestance qui donne dans l'œil à tous ceusses du pays... Les femmes ne rèvent que de moi et de mon magot... ce qui ne fait qu'un... V'là comment j' sommes devenu aisé... J'ons d'abord hérité d'un oncle qui est mort d'un coup de pied dans le ventre d'un âne... Ensuite, comme beau garçon et ben futé... j' me sommes mis en loterie... Cent billets à vingt francs. Ça m'en faisait deux de mille. Elles m'ont gagné à troisses... La première ne m'a point convenu... La deuxième, j'en voulions point... La troisième, j'y ons flanqué une morgnifle... C'est que j'ons point peur d'une femme seule da !... et pis, j' sommes si aimable !... si futé ! Un vrai singe, quoi !...

Air *du Beau Nicolas.*

Lorsque j' passons dans not' village,
On voit chacun, l' bec clos, rangé.
Chaqu' fillett', mêm' la plus volage,
M' poursuit comme un chien enragé.
J' parlons français comme un' grandmaire,
Si ben qu' mes mots sont accueillis !
C'est à c' point que, dans tout l' pays,
Les enfants, bonheur éphémère,
    M' veul'nt pour leur maire.
En m' voyant sous mes falbalas,   } *Ter.*
Chacun dit : C'est not' chaud Colas !

Et l' maintenant, allons faire un tour à la danse et
compter nos victimes. (*Tirant de sa poche un mouchoir
bleu.*) Faisons comme l' grand Turc... Jetons not' foulard à la pus méritante... (*Il fait quelques pas vers le
fond, et revient en scène.*) J' voudrions ben savoir
qu'est-ce que c'est que cette étrangère qui est venue
hier soir ben emmitouflée chez la Yvonnette, ma voisine ?... Bah !... Elle entendra parler de moi !... Elle
viendra au bal pour me reluquer... Allons-y gaîment.

SCÈNE II. — COLAS, TOINETTE.

Au moment de sortir, Colas *recule vivement à la vue
de* Toinette *en paysanne.*

TOINETTE.

Bonjour ! grand Colas !...

COLAS.

Hein!... En croirai-je-t-y mes yeux ?... Ou ben est-ce un revenant ?

TOINETTE.

En tout cas, ça ne peut être qu'un revenant bon ! Je parie que tu ne me reconnais plus ?...

COLAS.

Allons donc ! T'es un brin pus mignonne, un brin moins godiche !... Mais je reconnaissons ben Toinette.

TOINETTE.

Ah ! que t'es gentil !... Allons ! pipe-moi...

COLAS.

Un instant !... qué que tu viens faire ici ?

TOINETTE.

Te rappelles-tu, Colas, qu'il y a deux ans j'étais ta promise ?..

COLAS.

Oui ; mais je t'ons répondu que je ne pouvions t'épouser parce que t'avais pas le sou... et qu'une si petite dot était insuffisante pour un homme futé comme moi.

TOINETTE.

En ajoutant que si j'amassais cinq cents francs... je pourrais devenir ta femme... Eh bien ! j'ai les cinq cents francs !...

COLAS.

Et comment les avez-vous gagnés, mam'zelle ?

TOINETTE.

Je suis allée à Paris, où je me suis mise au service

2.

d'une bonne fille... qui était chanteuse dans un café-
concert.

COLAS.

Une chanteuse de café?.. Comment: .. on fait avec du
café..... des femmes qui chantent ?

TOINETTE.

Ah! ah! mon pauvre ami !... Pour un homme futé...
tu es joliment bête.

AIR de *Béranger à l'Académie.*

Sans être vieux, tu n'en es plus à l'âge
Où nous croyons l' rat l'époux d'un' souris.
Si tu fais tant ton malin au village,
Tu s'rais fort loin d'en être un à Paris.
Ton raisonn'ment est l'un d' ceux qu'on diffame.
Sach' le... sous pein' de passer pour cruchon:
Si du café l'on peut tirer un' femme,
On t'a bien pu tirer d'un cornichon. (*Bis.*)

COLAS.

Toinette !.. N'insultez pas l'âne jusqu'au bridon, en
employant des mots à double sens !... Après tout, ça ne
me dit point à quoi vous avez gagné c't argent !...

TOINETTE.

Satisfaite de mes services, comme femme de chambre,
ma chanteuse me fit cadèau de sa garde-robe et d'une
somme ronde, au moment où elle allait suivre un boyard
russe dans le Kamtchatka.

COLAS.

Un boyau russe dans le cacatdcha ?... Ça doit être loin
de Bouxy-les-Vaches !

TOINETTE.

Et maintenant, je reviens vers mon grand Colas pour lui dire : Tu m'as promis le mariage... Voici ma main... avec la dot dedans...

COLAS.

Minute !... Cinq cents francs m'auraient convenu quand tu n'avais rien... mais à c't' heure... que tu les as... j'exigeons davantage... D'abord j' sommes pas riche... toutes les femmes courront après moi... je m' donne à la pus offrante...

TOINETTE.

Et ta promesse ?

COLAS.

Y a-t-il quéque chose d'écrit ? Non : n'est-ce pas ? Quoi que tu peux réclamer ? J' sommes futé, vois-tu ? Y a que le diable qui m'en remontrerait.

TOINETTE.

Oui, j' sais que tu m'as dit cela souvent... mais prends garde, une femme est plus fine que le diable... et je connais un moyen pour le faire apparaître.

COLAS.

Toi ? (*Se mettant à rire.*) Ah ! ah ! ah !... Pour te faire voir que je me fichons pas mal de toi et de ton cousin le diable, pisque t'es un démon comme lui... c'est que j'allons à la danse, jeter not' foulard comme un grand Turc... à la belle étrangère qui m'a reluqué hier soir en entrant chez la Yvonnette... A revoir, Toinon ! souhaite ben le bonjour de ma part à monsieur le diable et à sa famille. (*Il sort en riant.*)

SCÈNE III. — TOINETTE, *seule.*

Ah ! tu veux faire la cour à l'étrangère qui est venue chez la Yvonnette ? Tu n'as reconnu ni ma taille ni ma tournure... Eh bien ! je vais exploiter la situation !... Plein de fatuité et de poltronnerie... tu fais le grand esprit malgré ton ignorance crédule... J'en tirerai mon profit... C'est que j'y tiens, au monstre !... Outre qu'il est un garçon passable pour l'endroit... il est riche... ce qui ne gâte jamais rien... Après avoir servi les autres, ça me ferait tant plaisir d'être servie à mon tour... Et puis... c'est mon premier amoureux... et la chanson dit vrai :

> On en revient toujours.
> A ses premiers amours...

Allons ! les grands moyens !... Mon ex-maîtresse a bien fait de me laisser sa garde-robe !... Elle chantait les travestis !... Il y a dans sa malle... qui est là... chez la voisine Yvonnette, une série de costumes qui me vont bien, ma foi !... Nous étions de la même grandeur... Essayons-en !... Ah ! dans sa chambre à coucher, il y a une trappe qui mène au grenier... (*Regardant dans la chambre à coucher.*) La voici... avec l'échelle pour y grimper. Filons par là... après avoir fermé la porte extérieure à clé... Il faut frapper son imagination !... Du grenier... à l'aide d'une corde, je me laisse glisser dans la cour... J'ai vécu deux ans à Paris !... mais je me rappelle encore que je fus paysanne.

Air.: *Quand on ne dort pas de la nuit.*

Pour revenir dans un instant,
Je cours, pleine d'un bon augure.
De mon Colas, qui se croit tant,
Frappons l'esprit... et de Satan
Offrons-lui l'air et la figure.
Notre union comme autrefois
Peut être ainsi remédiable.
Ce n'est pas la première fois
Que Toinon (*bis*) aura fait le diable.

COLAS, dehors.

Toinette !.. es-tu là ?

TOINETTE.

Le voici... sauvons-nous... et à l'œuvre.

SCÈNE IV. — COLAS, seul.

(*Toinette est sortie par la droite, la scène reste vide un instant, Colas dehors.*) Toinette !... T'as donc fermé la porte ? En v'là une bêtise... (*Pause... Une croisée s'ouvre. Il montre sa tête.*) J'ons réfléchi qu'en la laissant seule... elle pouvait fouiller mes meubles et dénicher mon saint frusquin ! J' sommes revenu ben vite. (*Regardant.*) Personne! Comment a-t-elle pu sortir en fermant à clé en dedans?... (*Escaladant la fenêtre.*) C'est point par la fenêtre, qui est trop haute... J' venons seulement d' mettre eune pierre en bas pour escalader... J'aimons point ces manigances-là... ça sentont la sorcellerie !... avec ça qu'elle a fréquenté des chanteuses, des artistes... tous gens qui menont une vie de possédés...

qui vous ont cuie ça ur de roussi...(*Pause.*) On dit slapen-
dant qu'autrefois... quand le démon venait sur terre...
y faisait des épactes avec des individus qui avaient toutes
sortes de chances... seulement fallait être damné... C'est
ça qui est embêtant... On raconte qu'un jour y en a un
qu'a enfoncé le malin esprit... Il a l'esprit malin le
malin esprit... mais moi, je sommes futé... et qué qui
dit que j'aurions point la chance de l'attraper dans un
cas pareil... J'aimerions tant faire ce que j' voudrions...
que les alouettes me tomblont routies dans l' bec !... Oh...
si j'avions un épacte... pour me rendre invisible... de
manière à ce qu'on ne m' visse point...

AIR : *Si j'étais invisible.*

En marmotant queuqu's mots d' grimoire,
Ah ! qu' j'aimerions causer d' l'ennui ;
J'irions m' cacher, soit dans l'armoire,
Dans les coucoux, les tabl's de nuit...
Un' fill' seul' me sentant près d'elle
Aurait beau brûler sa chandelle...
Sans m' trouver ell' cherch'rait en vain...
A la dans' j'en pincerions vingt ;
Dans chaqu' verr' j'irions boir' le vin.
Sur qui m'en veut j' pourrions taper,
Sans qu' jamais on puiss' m'attraper...
   Si c'était possible,
   Ça m'amus'rait-il !
   Étant invisible,
   On m' trouv'rait gentil.
  Si j'étions invisible,
  Ah ! qu'on m' trouv'rait gentil !

...aais... autant dire ça que des bêtises... C'est des contes
à ma mère grand'... (*Réfléchissant.*) C'te Toinette a ben
gagné tout d' même !... Elle vous a un petit air mignon...
déluré !..... qui sent la Parisienne ! C'est dommage
qu'elle soit point assez riche !.. Une femme de cinq cents
francs ! quéqu' c'est qu' ça, mon Dieu !... pour un homme
fûté comme moi !... Ah çà !... mais ! ah ! mais ! où
qu'elle peut ben t'être passée ? Ouh ! la finaude ! j'y
pensons ! elle farfouille dans ma chambre à coucher.
(*Courant à la porte de droite.*) Fermée aussi. Je le pen-
sions ben !... Toinette ! ouvre la porte ou je te flanq'ons
une morgnifle comme à la Trouillotte..... Ma petite
Toinette... ouvre-moi et je te piperons sur les deux
joues... Tu ne réponds point ?... J' voulons entrer dans
ma chambre, moi... quand le diable y serait !

SCÈNE V. — COLAS, TOINETTE.

TOINETTE.

Il y est. (*Elle se précipite en scène en costume de
diab'otin. Colas recule effrayé jusqu'à l'autre extré-
mité du théâtre.*)

COLAS.

Quéqu' c'est que ça ? mon Dieu!

TOINETTE.

Ne jure pas, ou je m'évanouis à l'instant même dans
un nuage de soufre qui pourra te changer en un paquet
d'allumettes.

COLAS.

Pourrai-je t'y savoir, mossieu... qu'est-ce qu'a l'honneur de se présenter ainsi dans mon domicile?

TOINETTE.

Je suis Astaroth !... démon de première classe.....
(*Mouvement de Cólas.*) Ne crains rien. Vantard et coureur, tu es plus qu'à moitié damné... Le reste est une affaire de temps... Je ne viendrai pas te chercher avant l'heure.

COLAS, *à part.*

Je me trouvons dans une vilaine position...... Faudra être malin pour m'en tirer..

TOINETTE.

Ce matin, tu évoquais le diable !... Satan m'a dit: Cours voir mon ami Colas, et vois comment on pourrait lui rendre service....

COLAS.

Votre maître est ben aimable... à la prochaine rencontre, je l'inviterons à me payer quéqu' chose...

TOINETTE.

Parle ! commande ! Je suis à ta disposition...

TOINETTE.

Eh ben ! mossieu Tas de carottes... vlà ce que c'est !... J'sommes ambitieux ! J'voudrions t'être riche... riche; épouser une femme cossue et devenir..... pair de France.

TOINETTE.

Marie-toi !... tu le seras !

COLAS.

Oui; mais... si nous faisions un épacte ?... (*A part.*)
Vlà l' moment d'être finaud et d' l'enfoncer...

TOINETTE.

Un pacte !... soit !... (*Traçant un cercle à terre.*)
Mets-toi dans ce cercle... et n'en bouge plus pendant
que je vais faire ma conjuration... Chut !

Air d'une *Orgie de Basquiers.*

Diablotins de naissance,
Gradés par Lucifer,
Au nom de la puissance
Que je tiens de l'enfer !...
      Ah !
Démons qu'il faut soumettre,
Hâtez-vous de venir,
Servez les goûts du maître
Qui doit m'appartenir.....
Immense bacchanale
Dont il ne doit rien voir,
Qu'une ronde infernale
Commence à se mouvoir :
Sans être vus, autour de nous,
Lutins, follets, accourez tous....
      Tra ! la ! la ! la ! lère.
      Tra ! la ! la ! la ! la !
          Tourbillon !
          Carillon.

(*Pendant le couplet, Colas a fait des contorsions et
des efforts comiques pour ne pas sortir de son cercle,
dans lequel il manque de tomber.*)

3

Proverbe n° 166
Qui prend femme, prend maître.

COLAS.

Est-y gai ! mon Dieu ! est-y gai ! Ça me fait peur !

TOINETTE.

Maintenant le charme est rempli.. Tu as une plume et de l'encre !.. Ecris sur ce papier... les phrases que je te vais dire !(*Colas obéit machinalement et avec crainte.*)

COLAS, *à part.*

C'est là qui faut être malin !...

TOINETTE, *dictant.*

« Je me donne à toi corps et âme... si tu me fais épouser une femme avec de l'argent..... » Signe !

COLAS, *à part.*

C'est point trop compromettant !...

TOINETTE.

Donne !... (*Elle prend le papier, l'examine, le plie et le serre dans son justaucorps.*)C'est bien!... En échange, prends ce talisman. (*Elle lui donne une pièce de monnaie.*)

COLAS.

Ça ne passe point, ça !... une pièce du pape !... et c'est le diable qui me la donne !

TOINETTE.

Pour que ce talisman opère... tu le mettras dans le bas où tu serres le reste de ta fortune...

COLAS.

C'est point un bas... c'est une boîte !..... (*A part.*) Pour un démon, il n'est pas fort !... après ça, il a l'air encore ben jeune.

TOINETTE.

Maintenant encore, pour que ton pacte ait pleine réussite, il faut que tu t'abstiennes de toute mauvaise pensée.

COLAS, à part.

V'là qui donne des bons conseils à cette heure.

TOINETTE.

Si tu succombes à la tentation !... si tu te montres poltron et infidèle..... tu m'appartiendras sans conteste...

COLAS.

Poltron... et infidèle !...

TOINETTE.

Tu es renseigné !... Rentre dans ton cercle..... et n'en sors que quand j'aurai dit : trois... (*Colas peu rassuré se remet dans le cercle.*) Un !... Deux !... (*Elle ouvre doucement la porte du fond, et sort sur la pointe du pied en faisant un geste menaçant.*)

SCÈNE VI. — COLAS, seul.

Deux ?... Eh ben !... troisse... quand est-ce ?... J'ôso point tourner la tête... s'il allait m'envoyer quéque chose dans le dos... Ça m'y donne froid !... (*Essayant de regarder.*) Je le voyons point... Il est p't' être invisible pour mieux me faire une niche ! (*Une pierre est lancée par la fenêtre.*) Ah ! que c'est bête !... quéque c'est que ça ?... une pierre ?... avec un papier dessus. (*Ramassant la pierre et lisant.*) Troisse ! Alors ! j'avons

pus rien à craindre ?.. (*Sautant et chantant.*) Tra ! la ! la !
la ! j'ons un talisman !. J'allons pouvoir faire de mes
farces !... Oui ! mais... si je sommes damné? Oh ! ce diable-
là m'a l'air d'un apprenti... Il est trop mignon pour être
ben dangereux !.. vous n'avez point remarqué comme
il ressemble à Toinette... Ce qui prouve que cette gail-
larde-là, ma fine... est une créyature infernale !.. Ça ne
fait rien !... Je la trouvons ben pus gentille comme ça...
depuis qu'elle a été à Paris !... c'est dommage qu'elle soit
point assez riche... Voyons ! mossieu Tas de carottes...
m'a dit de mettre cette pièce du pape... avec le restant de
mes écus... (*Regardant autour de lui.*) Examinons si
personne ne me voit !... Non ! (*Se baissant et tirant une
botte de dessous un meuble.*) Le vlà le sac à la malice !...
J'avons mis ça dans une boîte à clyso-pompe !... on se
doutera point de ce qu'elle renferme... parce qu'on ne
regardera point dedans. Vlà mon talisman mis avec !...
J'ons donc pus à m'occuper de rien !... Les femmes des
quatre parties du monde allont se prosterner à mes
genoux !... me cajoler !... me traiter de petit fils, de petit
mignon !... comme un serin, quoi !

AIR : *Dans un bois, trois déesses*

Je verrons des maîtresses
Reposer leux ciseaux
En plein cœur de mes tresses,
Avec des noms d'oiseaux !...
Oh ! aïe ! aïe ! tout'z ensemble
J' les voyons m' souriant !
Ah ! aïe ! aïe ! ah ! qu'ça r' semble

Au pas chat d'Orient.
Hihan! hihan! hihan! hi, han!

C'est tout comme un' providence!
Ça m' cause un si drôl' d'effet
Que j' sentons mon cœur qui danse,
Qui dans' là... devant l' buffet!
Des beautés très-jolies
Vont m'guetter par tous ch'mins!
J'ons l'âm' plein' de folies!
Les bras m'en..... tomb'nt des mains!
Oh! aïe! aïe! tout's ensemble
J' les voyons m'souriant!
Oh! aïe! aïe! ah! qu' ça r'semble
Au pas chat d'Orient.
Hi! han! hi! han. (*Bis.*)

A cette heure que j'avons pus à m'occuper de rien, re-
tournons à la danse... voir l'effet de mon épacte et de
mon talisman... (*Essayant d'ouvrir la porte.*) Hein!...
c'est des bêtises, ça!... Monsieur Tas de carottes s'esclipe
en fumée et m'enferme à la maison?... Tout à l'heure,
la porte était fermée à clé en dedans... Vlà qu'elle l'est
en dehors!... J'allons sortir comme je sommes rentré...
ça sera tout pareil... excepté que ça sera autrement. (*On
cogne.*) Platt-y?... si l'y a quéqu'un... dites-le.

TOINETTE, *dehors.*

Porte, s'il vous plaît.

COLAS.

Vous avez la clé sous la main... ouvrez! (*La porte
s'ouvre, Toinette paraît en cantinière, avec un sabre
au côté.*)

SCÈNE VII. — TOINETTE, COLAS.

TOINETTE.

Pardon, excuse! jeune homme!.. le plus beau garçon du pays... si ça vous est superlatif?...

COLAS.

C'est moi, mossieu!... (*A part.*) Qué que c'est que ce mirlitaire-là? ça doit être un guernadier!

TOINETTE.

En effet! vous avez l'air un peu moins laid..... et moins bête que les autres!... Allons! mille noms d'une bombe!.. voici un billet de logement...

COLAS.

Mais, voltigeur...

TOINETTE.

Voltigeur! qu'est-ce à dire? Baïonnette de Lucifer...

COLAS, *à part.*

Il ne reste point en place... ça doit être un mobile!...

TOINETTE.

Est-il possible, mon vieux... que vous soyez assez cruchon, pour ne pas reconnaître ce que je suis, rien qu'à ma taille et à mon uniforme ?...

Air : *Souviens-toi, jeune soldat.*

Je suis la cantinière
De certain régiment

Qui s'en va crânement,
Déployer sa bannière
Dans tout lieu qui lui semble charmant;
Franchement!
Lorsqu'on voit de ce bidon,
Plein de grâce et d'abandon,
S'échapper la liqueur dont
Ma main leste vous fait don;
Lorsqu'on voit sur ce bidon
Ma main pleine d'abandon,
Chacun dit: La cantinière a-t-elle donc
Pour guidon
Et pour chef le seigneur Cupidon?..

COLAS.

Comment! mossieu le soldat... vous êtes eune femme!
Eh ben! quoi qui le prouve? vous avez un pantalon!

TOINETTE.

C'est le mieux du pays, ça?... Un vrai niguad!...

COLAS.

Madame la militaire, sachez qu'un imbécile et moi..

TOINETTE.

Ça fait deux imbéciles!... Enfin, acceptez-vous mon
billet de logement?

COLAS.

De logement? (*A part.*) Ouh! j'y pensons!... c'est mon
épacte qui commence!... J'ons pas besoin de me dé-
ranger... Tas de carrotes me l'envoie.

TOINETTE.

Prenez votre temps pour répondre !...

COLAS.

Je refusons point !... seulement ! j'ons que ma chambre et qu'un lit.

TOINETTE.

Qu'est-ce que ça me fait ?.. Je les prends..

COLAS.

Alors ! (*Il va pour lui prendre la taille.*)

TOINETTE.

A bas les pattes. (*Elle lui donne une tape.*) Je suis très-chatouilleuse... sous le rapport de la morale...

COLAS.

J' voulions vous débarrasser de votre futaille...

TOINETTE.

Et puis j'ai une arme... dont je me sers au besoin... et, sabre de bois !...

COLAS.

Un sabre de bois... ça ne coupe point !.. Dans la menotte d'une femme... c'est guère dangereux !... Je risquons donc rien !... voyons pour voir. (*Il l'embrasse vivement.*)

TOINETTE.

Oh ! le monstre !... il m'a ravi l'honneur !...

COLAS, *à part.*

Hein !... Ravi l'honneur ?... Comment ça ?... Elle l'avait donc sur la figure ?...

TOINETTE.

Il me faut une réparation. (*Tirant son sabre.*) Enfer !...

3.

COLAS.

Mais-z-oui !... il est en fer !... alors !... ça coupe ! ...

TOINETTE.

Allons !... grand séducteur !... Lovelace !... Don Juan !... pare mes coups !... ou gare au tien !... (*Elle poursuit Colas qui tourne autour de la pièce et derrière les meubles.*) Tu fuis ?... Poltron !...

COLAS.

Oh ! la ! la !... Elle a dit : Poltron !... un des deux mots de Tas de carottes !... J'perdons la moitié de mon talisman... Colas ! mon ami !... faut te tirer de la... (*Il fuit de nouveau devant les attaques de Toinette et se sauve vivement dans la chambre à droite.*)

SCÈNE VIII. — TOINETTE, *seule.*

Lâche !... Tu te dérobes ?.., si j'en portais... des robes... tu ferais le malin... le suborneur ?... (*Essayant d'ouvrir la porte.*) Il s'est enfermé... Le verrou est mis en dedans !... (*Riant.*) Ah ! ah ! ah ! En femme il me tient tête... Devant un pantalon... il fuit !... une fois mariée... je ferai mon possible pour garder la culotte... ça ne me sera pas difficile, car généralement... tous les hommes sont bêtes !

Air : *Que j'ai vu d'établissements.*

Si ces messieurs sont les plus forts,
Les femmes sont les plus rusées ;
Pour nous tenir, tous leurs efforts

Ont des ficelles bien usées...
J'admets ici que ce sermon
Pourra sembler assez étrange...
Pour moi la femme est un démon
Qui sait offrir les traits d'un ange.

Voyons, il ne faut pas s'endormir... j'ai gagné la première manche... jouons la seconde !... J'ai la certitude que, dans sa superstitieuse ignorance, il m'a prise au sérieux dans mon rôle d'Astaroth... Suivons le programme annoncé... en profitant de son absence pour lui préparer un nouveau tour. (*Regardant sur la table.*) Tiens !... qu'est ce que c'est que ça ?... (*Examinant la boîte.*) Oh ! mon Dieu !... est-ce que la peur l'aurait rendu malade ?... (*Regardant l'intérieur.*) Que vois-je ?... La pièce que je lui ai remise ! Le prétendu talisman !... Et ceci ?... Des billets de banque !... Un sac de jaunets... Attends ! attends !... allez... le tout dans mes poches... Et maintenant que j'ai les écus... c'est comme si j'avais l'homme !... Ah ! maître Colas !... vous vous dites futé... Je vous ferai voir que vous n'êtes que de votre village... Au revoir. (*Elle sort en fermant la porte avec violence. — La scène reste vide un instant.*)

SCÈNE IX. — COLAS, *seul.*

(*Parlant du dehors.*) Y a quéqu'un ! (*Ouvrant la porte de droite et montrant sa tête.*) Y a quéqu'un, que je vous disons ! (*Regardant à droite et à gauche.*) Tiens ! non ! y a personne ! (*Il entre en scène en costume de pompier, tenant un briquet à la main.*) Où est-elle avec son sabre?... J'ons tout avantage à cette heure :... elle est petite, je sommes grand!... Son arme est toute mignonne... j'ons un coupe-chou d'une belle taille... qu'elle se présente, et je la coupons en deussel... (*S'arrêtant et souriant.*) Est-on ficelé hein!, dans cette tenue? Caporal des pompiers à Bouzy-les-Vaches... nommé à la majorité d'eune voix... la mienne... Aussi, quand je passons en uniforme!... les hommes ouvront la bouche avec envie!... ouh!... les femmes avec admirance!... hélas! bon Dieu!... les chiens me suivont en criant comme eune guernouille qui aurait avalé une arête!... Regardez-moi ce chic, comme y disont à la ville.

Air des *Pompiers de Nanterre.*

J' portons l' costume avec eun' pompe,
Qui fait qu' pus d'un souvent s'y trompe,
Et qu' lorsqu'on cherche à m'y chercher
C'est l' dieu Mars qui vient s'y cacher.
  Me moquant des moqueurs
  Dont l' rir' ne peut m'atteindre,
  A l'envers de l'éteindre
  J' mettons l' feu dans les cœurs...
Quand ce beau pompier va-t-à l'exercice,
On voit sur la rout' chacun s'attrouper...
Y s' munit d'abord de pain et d' saucisse,
Et dans l' cabaret d'eune haleine y va pomper.
      Zim ! laï ! la !
    Qué beau militaire,
Zim ! laï ! la ! que ce pompier-là !
Zim ! laï ! la ! celui de Nanterre !
Zim ! laï ! laï n'a point tout c' qu'il a... !

Proverbe n° 116

Qui a bu, boira ; qui a joué, jouera.

Mais, puisque la cantinière s'est ensauvée, il n'est
point nécessaire que je restasse... que je restassions,
comme dit l'adjoint... avec mon sabre nu... c'est gê-
nant d'abord... et puis... c'est point porté dans le
monde !... Si j'allions faire un tour à la danse... comme
ça... avec mon caqse !... ça serait rigolboche !... comme
dit l'ancien maire !... Oui ! mais... ça ne serait point
facile pour danser... Non ! ma fine ! j'avons ben assez
d'avantages physiques sans vouloir en prendre d'autres.
(*Se ravisant.*) C'est point l'embarras... je n'aurions qu'à
rencontrer la cantinière... Gardons tout ça :.. on ne sait
point ce qui peut arriver !... Elle m'a traité de poltron !..,
J'tenons à lui montrer qu'un grand homme avec un
grand coupe-chou ne craint point eune petite femme
avec un petit... Rengaînons ! (*Pendant qu'il remet son
sabre dans le fourreau, Toinette entre par le fond.
Costume peignoir, domino avec un capuchon, une voi-
lette et un lorgnon qui la rendent complétement mé-
connaissable.*)

SCÈNE X. — COLAS, TOINETTE.

TOINETTE, *entrant.*

La ! me voilà de retour !.. J'ai visité tout le pays, qui
n'est pas beau.. Les hommes, du reste, sont comme le
pays....

COLAS, *l'apercevant.*

Oh ! la belle dame !..

TOINETTE.

Ça vous vexe peut-être ! (*Regardant Colas.*) Oh ! pardon! je crois m'être trompée de porte... Je ne suis pas ici chez la mère Yvonnette ?

COLAS.

Ça ne fait rien ! belle dame ! J' vous reconnaissons ben ! c'est vous qu'êtes l'étrangère qu'est arrivée hier soir chez ma voisine ?

TOINETTE.

En effet... et comme les maisons se touchent... en croyant entrer chez elle.. c'est chez vous que j'ai pénétré... Mais qu'est-ce que je disais donc que tous les hommes étaient vilains à Bouzy-les-Vaches ?.. Vous êtes un garçon très-joli !...

COLAS, *à part.*

Vlà mon talisman qui recommence son effet... (*Toinette le lorgne.*) Oh !... que j'aimerais donc une femme qu'a son nez sur des lunettes...

TOINETTE.

Je suis blasée des amours de la ville !... Tous les hommes sont les mêmes... fades et prétentieux... Je viens à la campagne pour trouver un cœur naïf, candide et qui, battant à l'unisson du mien, deviendrait le maître de m n âme et de ma fortune.

COLAS, *à part.*

Qu'elle parle ben !... J' comprenons pas ce qu'elle dit. (*Haut.*) Voulez-vous que je vous expliquons la chose... vous connaissez les moyens de me prendre... c'est stapendant pas malin, eune femme !... Eh ! ben ! vous !... vous êtes fine... et je m'y connaissons... car je sommes fûté !...

TOINETTE.

Que dites-vous là ?... Au contraire la femme est diplomate... elle a trompé le diable...

COLAS.

C'est-à-dire que c'est lui qui l'a enfoncée... en lui faisant croquer une pomme.

TOINETTE.

Eve n'était pas expérimentée !... Elle était la première! ça se comprend !... mais depuis lors ... Connaissez-vous la légende de Satan marié ?.

COLAS, *à part.*

Depuis ce matin, je n'entendons parler que de diableries! Non, je connaissons point ça.

TOINETTE.

Écoutez bien !... la voici !

Air de : *La Pomme et le Raisin.*

Satan vient sur la terre, il se rase le front,
En disant : « Aux mortels il nous faut faire affront, »
Pour avoir mieux un air de bourgeoisie intime,
Il prend une moitié... tout à fait légitime !
Grace à son origine, il pense, et cœtera,
Que jamais sur sa tête un signe apparaîtra.
Six semaines au plus se sont déjà passées...
Ses cornes sur son front seules sont repoussées...
Ceci prouve très-bien, sur terre ça s'entend,
Que la femme est encor plus fine que Satan.

REPRISE :

Ceci prouve très-bien, etc.

COLAS, *riant.*

Ah! ah! ah! qu'elle est-y donc amusante !... Je la gobons, comme dit le magister !

TOINETTE.

Il rit!... Tiens! mon loulou!... mon chienchien chéri... je dépose ma fortune et ma main à tes pieds... Je t'emmène à Paris !... dans le monde !... Je te décrasserai !... Nous irons ensemble à Mabille, au Château-Rouge, à Valentino !... Dis !... veux-tu que je t'enlève ?

COLAS.

Non! vous êtes trop petite !

TOINETTE.

Alors !... enlève-moi !

COLAS.

Ça me va !... et, ma foi, pisque je la tenons... j'y tenons pus... (*Il saisit et embrasse Toinette qui pousse un cri.*) Quoi ?... J' vous avons piquée ?

TOINETTE.

J'y pense !... ce que disait la mère Yvonnette hier : vous avez promis le mariage à une nommée... Toinette ?

COLAS.

Peuh !... J' lons promis à ben d'autres !... Je sommes point tenu !... y a pas d'écrit...

TOINETTE.

Oh ! l'infidèle !...

COLAS, à part.

Quoi qu'elle dit... infidèle ?... Et l'autre qui m'a traité de poltron !... Les deux mots qui perdent la valeur de mon épacte !... Oh! mais! que ninette!... Je me révoltons!

(Il se retourne, et, reculant effrayé à la vue de Toinette qui, pendant [cet aparté, s'est débarrassée de son domino, de son voile, et lui apparaît dans son costume de diablotin de la scène V, il s'exclame :) Tas de carottes !

TOINETTE.

Reconnais-tu cet écrit ? « Je me donne à toi corps et âme !... » Tu m'appartiens !... J'accours te chercher pour t'emmener avec moi dans la marmite infernale.

COLAS, *à part.*

Je sommes fricassé ! *(Haut.)* Mais un instant... les écrits sont des écrits... et un démon... qu'est honnête homme, ne doit avoir que sa parole... L'épacte dit que je me donnons, mais quand j'aurons épousé eune femme avec de l'argent...

TOINETTE.

Tu as failli à ton engagement en devenant infidèle et poltron... Tu n'as qu'un moyen de reculer pour quelque temps l'exécution du pacte !... Marie-toi !

COLAS, *à part.*

Le mariage ou l'enfer... c'est tout comme..... stapendant... c'est encore une chance pour rester sur la terre. *(Haut.)* J'acceptons de votre main.

TOINETTE.

Écris de la tienne ! il y a sur cette table tout ce qu'il faut pour cela. *(Colas s'assied et écrit.)* « Si elle m'apporte le montant de la somme que je possède... plus cinq cents francs... dans le délai de quinze jours et par-devant M. le maire... j'épouserai Toinette. »

COLAS, *à part.*

Quoi qui dit ? Oh ! ça m'est égal !... elle n'a rien !

TOINETTE.

C'est signé!... Très-bien! (*Elle prend le papier et se met à rire.*) Ah! ah! ah!... double niais!... comment!... tu ne m'as pas reconnue?

COLAS.

Qué que c'est?... qué que c'est?

TOINETTE.

Grâce aux costumes de ma chanteuse de café-concert... je t'ai fait poser en diablotin, en cantinière et en lorette... sans que tu te sois douté un instant de ton rôle de compère et de maladroit.

COLAS.

Minute!... Je reprenons mes droits..... y a rien de fait.. Ah! t'es Toinette!..

TOINETTE.

Pardon! mon maître!... j'ai une promesse de mariage. (*Montrant le papier.*) Cette fois il y a un écrit!

COLAS.

Oui!... mais à condition que t'apporteras le montant de ce que je possédons!... quand t'auras ça...

TOINETTE.

Eh bien! et ces billets de banque!... et ce sac de jaunets.(*Elle lui fait voir ce qu'elle a pris dans la boîte.*)

COLAS.

Hein! (*Regardant sa boîte.*) Pus rin!... Je sommes volé... rends-moi ça tout de suite..

TOINETTE.

Quand nous signerons le contrat... La femme et l'argent: l'une avec l'autre.

COLAS, à part.

C'est le seul moyen de rentrer dans mes fonds... et pis!.. c'est écrit.. (Haut.) Veux-tu que je te disions, Toinette, t'es ben gentille avec cet uniforme... faudra t'habiller quéque fois de c' te façon.

TOINETTE.

Sois tranquille!. je m'arrangerai de manière à porter toujours la culotte... Et maintenant!... invitons tout le monde à notre noce.

Air des *Épouseux du Berry.*

Ça serait un bonheur presque inestimable,
Si vous veniez chaque soir
Ici vous asseoir ;
Si l'auteur, les acteurs, l'assistance aimable,
N'ayant qu'une opinion,
Faisaient union,
Ohé! ohé!
Pour que l'art ça nous grandisse,
Faites-nous quelques mamours ;
Ohé! ohé!
Que tout le monde applaudisse
Au succès de nos amours!
Ohé! ohé!
Quelques bravos nous feraient un bien immense,
Vous nous voyez l'implorant presque à genoux ;
Allons, messieurs, qu'une main commence,
D'autres l'imiteront. Applaudissez-nous.
Tra! la! la! la! la! lère!
Ohé! ohé!
Applaudissez-nous.

Hippolyte DEMANDE.

Proverbe n° 291

L'occasion pendue ne se retrouve pas.

LA

DÉPUTÉIDE

OU

LA DISSOLUTION DE L'ASSEMBLÉE

GRAND CAUCHEMAR POLITICO - BURLESQUE

EXTRAIT DES MÉMOIRES D'UN TOQUÉ

PAR

CHARENTONO

L'ASSEMBLÉE

Élue à Bordeaux le 8 février 1871 s'est dissoute à Versailles
le 5 mars 1876

DE PROFUNDIS !!!

———◆◆◆———

AVIS AUX LECTEURS

En lisant, à la suite, tous les *mots* imprimés en *égyptiennes*, on aura la liste *complète* des noms des Députés sortants.

LA DÉPUTÉIDE

ou

LA DISSOLUTION DE L'ASSEMBLÉE

Enfin, c'est
MANIFESTE,
Nos anciens DÉPUTÉS ont remporté leur veste!

En effet,
Ganivet,
Il faut que de Versaille
La Chambre au Buffet
S'en aille :
C'en est fait !
Que devint de Bordeaux la vermeille Assemblée ?
Ah ! Sa I uces tu Cru ssoldat,
Qu' ainsi d'emblée
Et sans éclat,
Après une si longue épreuve,
Le francSay Feray Sal neuve ?
« Adieu donc — murmurais-je, en ronflant, cette nuit :
Wolowski, Dupoùy, Billy, Desselligny,
Chaudordy, Rumilly, Thurigny, Gavini,
Jogny, tutti quanti ; n, i, ni, c'est fini !... »
— A cet adieu répond, du fond de la Buée,
Que je prends pour une nuée,

Un vacarme D enfert... Tout mon corps frissonna
Sous le Glas du Bourdon qu'un bras taQuin sona.
De Gueux et de Truands, dans La cour, ô miracle !
Une horde barbare, en Farsanz, Lim ay racle
D'effroyables chaudrons. Puis quelqu'un Vaingt ainsi
Qu'un spectre... et M a di é Mont jauyeux Compain, si
Vous voulez voir l'enceinte où, dans un jour d'orage,
On s'assemBla voyer... là fut l'aréopage
Cambetta Belcastel, que le *maitre* cut Gaudy...
Garr on tressaille aux chants que Victor Hugo dit,
Et je donnerais cent Louis Blanc pour l'entendre...
    Taillefer est mon nom ;
      En Tailhand ton Carayon,
      Ecoute,... tu vas prendre
La liste de tous ces bRiants patriciens,
Qui ne seront plus même... académiciens... »
    — Mais, cette illustre Chambre
Qui florissait encor avant le *deux décembre*,
Qu'en fait-on ?... demandé-je...— « Elle est Morte mardi
SomBreuil *et* Dur ieu !... » L'Esprit d'un Bom partit.
A ces mots, au lointain, le Sabbat qui me toque
Au fantastique écho jette ce chœur baroque :
    « Taberlet, Barascud, Boffinton, Godissart,
      Greppo, Scheurer, Besnard,
      Champvallier, Grollier, Bidart,
    Gouvion, Gouvello, Jouvenel, Arfeuillère,
      Chavassieux, Guichard,
      Guillemaut, Germonière,
      Civrac, Flaghac,
      Diesbach ! »

— Et voilà que, soudain, des Séances **La Salle**
D'un théâtre ambigu se change en succursale,
Cent fois, en un clin d'œil, variant ses décors ;
Tour à tour : *Tribunal, Frégate, Ecole, Usine,*
Champ, Caserne, Comptoir, **Temple** des *Arts, Cuisine;*
     L'*Intérieur* et le *Dehors !*
Du mont   Du bois, Du parc, Du viviez (ça fourmille),
Du **chatel**, **Du portail**, De **lille**, Des jardins;
De la cour et Du puy, du Cintr é Des bassyns ;
Le père, **L'épouzé**, Parents, Amys, Voisins,
Jans émables, d'ailleurs, et de bonne f**Hamille,**
Boz é rian, Grasset, Carré, Le roux, Le blond,
Nioche et bien Do**uay,** Le camus, la Palotte,
     Le Picart, Le breton,
    En grand costume, en Cotte ;
   Dru, Brun, Doré ; *Le* Pellissier,
Le **Marchand** Tamisier, le Mercier, L herminier,
    De **La cave** au grenier,
    Le monument sur le **Chan** garni er !

Sept cent cinquante acteurs vont viennent sur la scène;
Et, comme des conscrits numérotés, **Morgaine** !
Tous portent ' leurs fronts, collés sur leurs chapeaux,
Leurs propres Noms tracés sur de blancs écriteaux...
Et ces Noms, se heurtant en colonnes pressées,
Forment d'étranges mots, des phrases insensées...
De ce charivari, de ce Méli-Mélo,
Voici ce qu'à peu près répercutait l'écho :

Après cinq ans **De règn** au **court** du **Roy Petau,**
Ta **Mazure,** à la fin, tombe sous le marteau...
Quel Sysiphe entassa : **Rochette** et **Rochereau,**

                    4

La Roche jacquelein et **La roche foucauld**
De **Thulon** sur **La roche**?..
On voit que (sans citer Ba *roche*
Ni *Rochefort*),
En France, Dam ! nous **Aymon fort**
La roche... !

Et, comme au festival, défilant deux par deux,
Ces Noms vivants passaient en discourant entre eux :

Rien **Ne tien**. Tous nos **Retz** sont **Uzés**. . **Sa varye**.
On se **Lasseux** de tout. Nous **Besson**... quel guignon !
Notre par**Ti** sse renc !.. — Combien **Talhouet**-on ?
Peut-on consa**Cré** mieux ses jours à la Patrie !...
Oh ! vous êtes **Des bons** ! — Le comte **Har court** à moi...
C'est à qui se **Duprat** ! — Tant **Pi** chacun pour soi...
Je ferai mon **Choi** seul. — Elle re**Marck Aurelle**. —
La **Colomb** et au loin, mais **L** oysel a **Bonn** *èlle*...
Car quet-il après tout ? Un coutumier **Du fay**.
Qu'on le **Gaz** et **Castel** nauble cœur ! — En effet !
Vous allez l'em**Bocher** ? — Chut ! la belle inconnue
Est ici... — Quelle **Vienn** et soit la **Bien venue**. —
Lui, de *raJ* a ffré**mi**... — Ces fougueux orateurs,
C'est ce qui, voyez-vous, **Per no** législateurs...
Qu'i lse **Joigne** aux droitiers. Qu'a-t-il fait à **Ferryère**?
Il se **Courbet, San sas** ! Vous nous **Vandier** ! Tonnerre !
Assez ! — Bah ! tous ces gens qu'on **Venta von De peyre**
JL an frey ce qu'en **Frès** naus **Amys**... — Il le faut. —
Nous **An celon** le pacte... — Eh ! la jeune **Brunette**
Que tu... ra **Pellet an** ?... — Je m'en ra**Pel tereau**...
La jana di qu'un soir... — Je la trouve indiscrète...
Ce **Roussel** est en**Cor** bon enfant... — Au surplus,

Tu réforMaze ausSi mon cher, bien des abus... —
Dufaure? — Homme d'esprit! sans doute... et Jules Favre!
Un grand talent... — Moi, je... — Quoi donc? — Je... ça me navre
Qu'il Faye, après cinq ans, à tant de malheureux
Marchander le pardon. — Ce sont des Communeux... —
Amnistie! — Allons donc, qu'ils restent au Bagn eux...

Ils braillaient, ainsi, quand le fumet délectable
Du *Consommé* leur dit : « Messieurs, mes Noms, à table! »

—Rùe **Aubry** le Bouchet, Tarteron, Patissier,
Offre, sortant Du four, un gâteau de Savoye...
    Dussaussoy, le Saussier,
    En fin Bonnet de Soye,
Les **Babines** encor gluantes de sirops,
Dit qu'il **A dam** la Chambr un Amat d'Esqui ros,
Brouet, Poulard Daus sel, doux Buisson d'écrevisse;
Anguilles de Melun, chou Farcy, quels Délisses!...
Et **Le vert** haRicot qu'au Beur ges fais sauter,
Pommes de teR otours... vous pouvez en goûter...
    Jamais *l*Hèvre, je gage,
    N'a dit : « On m'en Mes treau ! »
    S'il est Beth mont langage,
    Il est Gra mment potage...
Est-on fri An de lar? j'ai du *l*Ar a *gogo*,...
Du Lar cy Frais si net... Vite éCumont le pot...
Bouillé, bouillons, Boullier, Merveilleux Ordinaire :
    Ma Jullienne doit me faire
    Du grand **Duval**
      L'égal...
Que l'on se Gav ardi !... chez moi ce qu'on déguste

N'est pas cher.
Henri, Philippe, Auguste,
Venez, mes Ga llicher ! —
C'est ça régAlle non, dit l'honorable troupe.
Loin des Brices déchus qu'un long caRêm usat,
On peut, sans déRoger, se tremper une soupe...
Vivat ! vivat ! vivat !
Et comme, en déjeunant, tous piquaient dans l'assiette,
Un des Jeunes se lève, et posant sa fourchette :
« Stop !... asSé gurgité !... faisant trêve au manger,
Que Bacchus et Comus règnent dans cette enceinte...
Que le Champagn y coule, et que de Bérenger
Les Chanz y résonnent sans crainte... »
Pas de Dietz *iræ !*... — Le noël ! — Oui *Noël !* —
Noël, Parfait, ! — Non, non, un hymne à la Patrie !
— N'importe quoi... pourvu que ce soit solennel... —
Eh ! mais, si nous poussions les *Gas* De normandie?

On chante, on rit, l'auditoire enchanté
Demande Biss a ki a bien chanté...
Puis, glosant sur l'un et sur l'autre,
On trinque, on boit, on fait son jeu.
« Tiens, — dit au paysan Mathieu
Certain confrère bon apôtre, —
Tiens, mon Ga tien... Bois seci, Bois,
Bois sè le vin qui nous égaye en somme...
Trinque avec nous !...— Dam! J osons pas, Bourgeois.
— J'Osmoy,... Boys set meilleur qu'un jus de pomme.
— Il Eym a rire... il est Ben a l drôl' d'homme !

Et contre le *Godet* qu'on lui tend, le Picard
                              Avide
Fait tinter son *Goblet* Qui net JammMé plain, ca
                    Il le rend toujours vide...

— Eh quoi! *Gagneur*, tu Perr in ? — Oui, je suis capot...
— Un ami des *Capets* , ça se comprend. — Tiers et
Roy !.. — Bien joué ! — Tâche que Las te rie...
                    Quinte aux valets !
              — C'est une volerie...
        — On *La boulay*. — Si je voulais...
              Bon ! le *Centre* qui rentre...
        — L'argent !... notre siècle est si sot
Que je ne puis trouver un *Bom* parti, diantre !
Si pleine n'est ma bourse et *Riche* mon tRousseau !.
— Au *Groupe* de *Pradier* pourquoi jeter la *Pierre* ?
              Laissons les petits à leur mère
          Et l'ai*Guy* o tailleur... Pardié !
        Si *Praxitèle* est un *tailleur de pierre*,
        Pradier, sculpteur, n'est pas *Pierre Pradié* !
— Monarque ou République ? — Eh ! mais, c'est soCar celle
Que je préfère... — On prend l'omnibus de Courcelle
              Pour Asnière... — En domino noir,
                    L'autre soir,
J'ai fait d'aRoz eau Bal san bingue, la conquête
D'un page — Quel Pag es? — Un beau Paj ot Mayaud !
              — Tu l'aimes? — Pas sy bête !..
— Marc où nous en sesions... — A la Porte-Maillot
        S il va demain, gare à lui... — Si ta femme...
              Si *Méline*... — Ah ! ah ! ah !
                  Monn etPous o la la !
                  Rien delle,... la pauvre brac

                                4.

Elle est faite à ces tours-là !
— Mais où vas-tu Dom pierre ?
— Je retourne au... Buffet...
— La clé du... *Cabinet* ...
— Je la prenDré o vestiaire...
— A tantôt, chère enfant, Va lady. — Va, Mont laur
— Ah ! nous Wallon De lord...
De Laur ent Bar nicodème !...
(Elle sort.)

A ce cri du cœur, dont je suis encor tout blême,
Mille voix répondant du *troisième dessous*,
Chantaient en chœur : Girod, Gillon, Plichon, Bardoux,
Godin, Giraud, Johnston, Rambures, Féligonde,
Rouvier, Gauthier, Roudier, Rouveure, Arnaud, Lortal,
Monteil, Hespel, Boduin, Lestourgie... à la ronde...
Adieu, Naquet, Bertauld, Waddington, Mettetal ! »

Et, dans l'ombre, aiguisant son couteau de **Saint-Claude**,
Rodez en Ba rodet... pour que cet homMe rode,
Raud otour,... *Marmotant* un refrain de Vadé,
Est-ce Du faur L'évêque un Fou quet évadé ?
Les deux poings sur la hanche :
« Enfants, dit-il, du Gui n arrachez pas la Branche !
Car not *pères* du Gui n oraient jamais fait ñ...
Un défi ?..
Quelle occase !..
Étincelez, **Chrito** phlamboyez, becs de gaz e !..
Peuple, on t'a déPouyer !.. sans Quartier, par la Baze
Sapons-les... Le bra ly*bre* a pas peur Déz anneaux !
Quoi ! partout des Gailly ! des Gayot, des Caillaux,...
Du Sens !.. plus d'éChaffaut !.. hoLa ssus aux Billots...

Proverbe n° 152

Qui se ressemble, se rassemble.

Et l'écho répétait : « — Adieu, Vidal, Wartelle,
    Leroyer, Gasselin, Soubeyran, Lacrételle,
Wassol, Combier, Chabrol, Laflize, Resseguier,
    Dufournel, Chevandier... »

Et lui, de son *Eustache* effilant sa baguette :
« Au Beau carna*Vall* on s'a*Musera*, Lucette.
      Car', tout en grignotant
      Un débris de fromage,
    Le Duc se lève, et fait hommage
D'une Mich à Ladi chère âme, ce présent,
    — Dit-il, — n'a pas l'arome
De Mon rosier Fleuri otez-moi ce fantôme ;...
Qu'il se Nouaill an passant sous l'arcade Du pont.
    Il n'aime Pa squi é bon l..
O Va roy,.. ton vasSal vyvant toujours fidèle,
    Jamais ne serA rbèle...
    Pour son Roy, pour sa belle,
    Quand un brave *Français*,
    En se faisant occire,
    Donne sa Vi e x est.... An zais
      Beau acire l...

    La Sibyle a dit vrai :
    Perrier Peyrat Perret ;
    Mais, qui Peyra mon terme ?

Et, pendant qu'il restait planté là comme un Terme,
Le Chœur psalmodiait : « Echasseriaux, Franclieu,
Cornulier, Duvergier, Lacombe, Paladine,
Kestner, Bottieau, Bastid, Grandpierre, Combarieu,
Lavergne, Juigné, Raymont, Swiney, Pradine. »

Et le Rodeur, rongeant une fine praline:
Qu'on ame La Serve là !... Non, à quoi Sers ? cristil...
Ah !... s'il revenait Le petit !...

Pauvre artisan, vaille que vaille,
Pour le Richard masse, travaille...
Tandis qu'avec son or amassé sans péril,
Chaque jour, Il
ManGe orge, riz au lait, Pin Azyme, volaille,
En scandant les doux vers perlés par Lorgeril,...
Chargé de mouTar dieu tu Vi mal... pour poupouille,
Os, Vache rogaton, cheval en ratatouille
Et Cher pin l'on te vend...
Les moutons, même la bergère,
Le Lou lay Mang iniquité ! souvent...
Quand Du crot de la Louv étranglée, ô misère !
Ta peau s'arrache par lambeaux,
Ton flanc malaDe ssaigne, il saigne, Seign o bos !...
Le Grand Turquet A bba disent tous les Journaultæ.
L'Istri adopte la réforme...
Quand je M assys au pied De lorme
Qui t'ombrage, ô Sainte-Croix,
Que l'on vénère...
Parole d'Honneur ! je crois
Que plus d'un Bigot préfère
Le ruban rouge à l'Arbre De la croix !...
Ah ! ça t'interLock roy !... C'est vrai, L argent ay rare!
Si seulement
L'Allemand
RenDé 1 sol, du Thiers et Du carre
Je me ficherais joliment...

Eh! quoi, toujours **La bas se tière!**...
O Ranc *où t'en* vas-tu ?... vois, se serrant les **mains**
Simiot et **Littré** sont deux cousins **Germains**...
    Près de la balustra**D am pierre,**
Cet autre homme, qui dans tous les *cliMaz* **érat,**
Revient du **Mongol** fier dans son aérostat!
Quel front capi**Tolain** !... quelle ample cheve**Lure!**
Ce nègre au teint d'é**Ben avant** d'être turco,
    Dans la **Sal vandy** du coco...

Quel **Beau** regard!... **Soury, mignonne**;... et **Toi, parjure,**
Tremble! — Tremblez, Tyrans, car vos trônes **bientôt**
Ne seront plus **Alé xandre** et poudrette... oh! oh !...
      Moi, la **poudR é mond** lot...
      Oui, la poudre au **Monnot**...
      Et pourtant **Ge ve l ot;**
      Je croyais qu'il **Fré bault !**
      S'il tom**Béth** une averse!
        On se plaint
      Du frais se matin...
      Verse, Valentin, verse...
      Mes fils à l'a**Bri sson**...
        Content ou non,
          De la pluie
      Il faut que **gRibouille rie!**
      Verse **A rrazade!** — Regardez...
      Il **Plœuc!** ma foi! tan**Pi car dès**
Qu'on l'eut**Keri dec** qu'il **Vi le feu** près d'atteindre
La grange, le pompier dit : **Mon jet Douhet** l'éteindre...
    Le pompier **Pomp é ry**... Latra**deridéra!**
    Drouin, Daron, Daru, ça vous **déridera**...

On l'inscriVi lle neuvième...
A mort on M ahy, moi... La confiTur el aime...
Mor in?... Maur ici!... More au traître, anathème!
Abhattu ki : Villain, Chatelain, Chevayer,
Leurent Le Bourgeois et Dupan loupvrier...
Dur è ault qu'on les pende en masse...
Il faut les Rouher, les bRoyer,
Les Broglier!...
Mais, non, je leur fais grâce...
Nom d'un pétard !
An cel, Houssard!
C'est l'heure triomphale:...
Entends-tu dans La salle
galop des cheVau ce nay rien... Calmon-nous!
Crespin de Vidouville!.. à genoux! è genoux;
dit ressuscité!... — Voyez, la Pervanch ère
Et grimpe autour Du treilis;...
La Chèvre lierre,
Te broute;... au taillis
Viens, gente souBrette...
L'Insensé S arrette!

Il Saisaet de parler, mais des malins Esprits,
Dans le dessous, toujours la fanfare ribaude
Corne, beugle et clabaude :
Lespinasse, Clapier, Martenot, Vitalis,
ntalis Amédée, Antonin Pontalis,
uisson, Valazé, Dauray, Langlois, Lacaze,
uranne, Challemel, Beauville, Cazeaux, Caze-
ve, Grangé, Valfons, Siccotière, Breton,
ontrieux, Schœlcher, Schérer et Baragnon. »

Et, dans l'ombre, aiguisant son couteau de Saint-Claude,
Rodes au Bu rodst. — ... Et tandis qu'il Remande,
Le bal succédant au festin,
L'extravagance à la folie,
Bonsoir, la compagnie!
Grâce aux vapeurs du vin,
L'esprit s'échauffe, et du comique
On passe au comico-tragique.

— Dans un coin, j'entends murmurer :
C'est le Ca duc de nous... montrer...
Vinols est aVinay,... Claude Gri va rentrer
Des vignes... il se risque...
Philipp ôte au moins ton Toupet,...
Que je puisse voir l'obélisque.
Plus d'un Des camarAd n et
Pas content... — Jean bisque...
On Le fé buriner... — Ce pauvre Robadet,
Sa Folli et douce... Il était
Adjudant-maJor dan la Garde...
Dès qu'il Wi l son
Du canon,
Prout!... ça le regarde...
Il prend de Lag et se fait vieux...
Eh! palsambleu! tout est Bo dan ces lieux...
Je me sens Gué dansons, Madame...
Cette femme,
Dieu me Damn elle est encor mieux
Le soir!... — Faurès Aymé, moi, qu'un Robert m'acquière.
— M'acquit est plus français. — Non, plus Corsé — Ma chère,
St L aigle est mort, l'Enfant, bientôt j'espère,

Tu le verras
Succéder à son père :...
J'en atteste sa mère, et son oncle et *Maupas*...
Oui, j'en at**Teste** l in... **L**imp**ér**... a... ni**Colas**,
N'y compte pas !...
— Si, j'y **Cont** aut douce espérance !
O noble France,
Plus de souffrance !
Ah ! repoussez... repoussez, verts **Rameaux**
De **Buis** et de **Laurier**, qui devez mettre un terme
A nos **Meaux** !...
— Oui, c'est ça, faisons des jeux de **mots :**

Clément à *clé m'enferme*...
Chabron point ne *broncha*...
Boncau *jusqu'au bout* va...
Le *feu rend chaud* **Chaurand** ... — **Barthélemy** prit **Barthe**
Et le mit... — Au **Four** cand vous en*fourniez* un **Pin**,
Qu'en **Fournier**-vous ?... — Du **pin** !... —
Oh ! quel esprit gaulois !... — **Fourichon** perd la carte :
Il **Four** tou dans sa **Call** et... — Moi, je joue *au***Ber***t* :
« **Hohé**, **Bert** !... tire-moi ma **Bott** a revers, **Bert** !
O **Ber** let ! quel **Lam** bert !... mais, tu me meur**Tri bert** !
Hum bert ! **Lam** ber te ri ! tu **Jou** bert ! ô **Fou** bert !
Quelflam**Bam** ber ger là ! — Morbleu ! c'est as**Sé** bert.
Aime, fais ta prière,
Travaille *et*
Lis Berthet !

Eh ! eh ! eh ! eh !,...
C'est au fond de son verre,

Fayette Ca lle mard! — Dumarre de moka? —
    Du mar nay-co pass-à
    Faire du pousse-ca-
    fé que l'eau deMar cère?...
    Ah! ah! hi! hi! he! ho!
La Guiche qui d'*aguiche* en Ri card... — C'en est trop
Ces affreux calembourgs fatiguent l'auditoire...
    Ecoutez plutôt cette histoire :
    Le Cordier MaTurin
    Prit de Martin.
    L anel L a llié, pauvre âne!...
    A défaut de Chardon,
    Puisque les An i sson,
    Que Castellane
    Prêt avoine à Cez anne...
    — Au BeauDé l pitGovtin d
    — Le Bodet n'a pas faim...
    La Reno ière
    Le Noury...
    Hi! hi! hi!
    L'Assemblée entière
    Autour de nous, rit....

    Pour en finir, Messeigneurs, une idylle :

Quand la mère Michel son Cha'per, ce Cha'doin
Etre un Cha baud...—Tais-toi!... Qu'est-ce que j'aperçois?...
Quel port majestueux,... comme il a l'air *Dunois!*
    Grand CharleMagne, est-ce toi que je vois?
    — Ton CharleMagn imbécile,
Ceux qui Laborde ri...— Son Er noult désopile...

— Tel se pousse du Kolb (et j'en ai fait l'essai),
Qui se Bern a ravir, et Tui berne au Gissey
Sots partisans... — A l'aï ils me La fon !... Mauvaise
Je la trouve mauvaise...

Des mots on passe aux coups de poing...

— Ah ! je Saisy le Jouin...
— Hé ! va donc, je ne te crains point...
De Thery !... Ro thuou ! Thomas ! Chiris ! sa Gouin !
Hérisson ! Vétillard ! gode Luro ! Grévyste !
Benoit ! pale Fernier ! banquiste !
Tête A cloque ! Tirard !
Mornay ! Waul chier ! cHausson ville ! obGé rard !
— De Kell er il nous toise !
— Il revient de Pontoise...
— De l'empire du Vin excusez les effets...
— L'empire c'est... la paix !... —
Fichez-nous-la. — Jamais !
— Il passe sa vie à se ba Launay la panse.
— Si sa chienne a la Gall oni qui mal y pense !..
— Il insulte Adrienne. — Hein ? riposta Renaud
La filleule à Roland !... mon ArmiDe la vau...

Et l'on se prend par la casaque...

— Dieux ! Ciel ! attrape ! — Il me claque,
Murat !.. — C'est Lui. — C'est Toi qui m'acCostas...
— C'est Tol ! Lui ! Moi ? — Toi qui me Provosquas,...
Toi, qui dans le Dau m as
Frappé ! — Lâche guillaume ! —
Ça connaît tes de Saint-Cyr... — Oh ! non, de cet homme
Nous ne su Biron pas...

Huon-le !— Qu'est-ce à diré ?... On se Chamaill arrête.
ÉFrénay !.. Casimir !...— Laisse... ils perdent la tête...
Il a son Krantz ! — BàVar nier,... tu verras si
Un enfant du Morvan du pied se Mouch yci !
— Les rôles vont changer, et changer le spectacle... —
A tes débordements nous saurons mettre obstacle...
— Des obstacles, à moi ? pour vous terrasser quand,
Quand ce bras La ssé l vé,... quand mon saBre lay fend !
— Tassin ! ma Dague net pas morte encor... — Silence !
  Va, si le sang ton Fer rouilla,
   Si dans le meurtre il Brya,...
Tu vas voir Brillier L esguillon de Ma lense...
— D aiguilhon pas besoin : ... j'ai toujours Magniès,
Avec chic, je m'en Vente, et Martels et Maillés...
— Bastard ! — Il a Bondy! — Loustalot! — vHaentjense!
— Une gifle ? — Mon oncle ! — Un atout ? — Mon neveu !
  — Une pareille offense
  Point de Trêve neu veut !
  — En vain il se démanche...
  Je te raMonneray...
— Ah ! si vous le Rathier ! — Non, je le dessAndré...
— Où ? quand ? — Place Dauphin' ot coin du quai, dimanche,
 — Gírard... j'irai... — Tope là... J'y serai...
—La cascade est mauvaise, et D estremx en extrêmes
 Ces bretteurs... — Pourquoi larmoyer ?
  Qu'ils s'arrangent eux-mêmes.
— Ce Cabo villageois, il ne fait qu'aBoyer !
 — Fontaine a Dépassé les bornes...
  — Cornes
 De Serph ! il Brame... — On a Pèn a s ter
 Quand on a pris l'absinthe et le bitter...

— Jacques jacasse...
— Dam ! à sa place...
— Il Batbie ainsi
Qu'une Pi o gé soif,.,. L amy,...
Buvons,... tout ça me rase ;
Que chacun regagne Sa caze
Comme il pourra... Soutenons-nous d'aBort...
Ce n'est C unit, mes enfants, qu'on est Faur...

— C'est Clerc, Duclerc, en dépit des rogommes.
Ventre saint gris ! —
Soutient un vieux marquis
En titubant... — Oui, c'est Clerc que nous sommes,
Grâce à Dieu, faits pour..; *gouverner* les hommes...
Sans nous l'Etat fut tou... toujours mal rédigé..
Ré-didi... digiri... digéré... dirigé...
Du sommet de cette tribune,
Moi, sans rancune
Aucune,
Je prétends
Qu'il est juste et bon qu'en tout temps
La vile Classe d'*en Ba* rante
La haute *Classe dirigeante*...
Or, donc, puisque, de toute... vétusté...
Je voulais dire... antiquité,
Pour mener les races humaines
Nous sommes *Rois*, gardons les *rennes !* »
L'orateur applAudi ffretTillan **court** s'asseoir...
— Mais le lustre baissait... —
« Puisqu'il va faire noir,
Allons (dit une voix), nous coucher, car...je... bâille..»

Depuis plus de cinq ans qu'à jaser on travaille,
Ce que l'on fait ici, ça ne vaut pas.... DIX SOUS!...

A ce mot de... DISSOUT,... tout, sens dessus dessous,
  Tremble, craque et s'écroule;
  L'un sur l'autre l'on roule,
  Et, de Corps démembré,
  Tout le monde est timbré...
  Le Timbre fatal sonne...

Au milieu des fuyards, Dur effort sans profit!
Au Barrau Du péron maint Rampontse Ramponne,
Et te Press en sè Bra bant qu'en Chêsne long Et...
  La débâcle est complète.

On se prend par L abître, on se happe aux Collets...
  Ah! que D. eschanges de soufflets!
  On S tap landérirettè!
  Joinville, loin Du port,
  Il faut virer De Bort.
  O. Jour d angoisse! O sortiLegge!

Messieurs, on Reu l vè le Siége!

Witt, on Partz, éteignez la bouGi noux Fermon.
  Guelfes, giBlins, sans périphrases,
  Tournez-vous le Taflen...
  Il faut changer De tazes!
  Secouez lestement Les tapis d'AuBusson;
  Qu'on pousse la Target à la porte Palière
  Et le Gont ont verrou...
  Prenez garde surtout
  A Vau train de derrière...

—'Par**Le bas**, malheureux !...

Maîle vergne, Mal artreux...
Male ville, Mal ézieux,
D'Au mahs et Saint-mal o, puisqu'on nous crie: aux *malles*!
Faisons, mes **Ga naux** *malles* !...

Sainte-nac et Saint-Germain,
Saint-Victor et Saint-Hilaire
Tendent à Saint-Pierre
La main...

—'Mais, sur la feuille de sortie
En apposant leurs seings,
Ces cinq saints, sains et ceints,
Se sentaint tous *cinq mal aux* seins...
Trop tard viendront les Médecins.

———————

Bah ! déjà la Troupe est partie ;
Et, faisant leurs réflexions,
D'aucuns, dans le fond des wagons,
Gourmandent ainsi leurs confrères :

« O téméraires
Phaétons !
Sur la **Montagn** accidentée,
Au *Progrès* quand nous **Charretons**
La Gent humaine épouvantée ;
Vers l'*Avenir* quand nous roulons,
Et sur le **Vaste Char eyrons**,
Le **Coché ry**, narguant la trombe,
Sans voir que la Ravinè là ;

Et trop souvent, **Par sy**, par- là,
Le frein se **Casse**, et le **Char** tonce *!* »

Et je n'entendis plus que les *coïncoïns* en chœur
Des *canards*, se mêlant au sifflement moqueur
Des locomotives
Plaintives...
Et l'écho m'envoyait ce joyeux laïtou :
« **Escarguel**! **Kergorlay** ! **Kermenguy** ! **Kergariou**!
Kerdrel ! **Kérissouet** et **Kerrjégu** ! Piou ! piou !... »

C'est à ce gai **Millaulement** du bignou
Que je m'éveille en sursaut, et m'écrie :
Vive la France !... et puisque, pour la vie,
Nos *Versailleux*, mes **Amys**, sont partis,

O **Paris**,
O **Rainne ville**,
Toute au**Tre ville** est **Tocque ville !**
Que ta Nef sur **Le Flô** de la **Sén** ardiment
Vogué Flott arborant sa voile rubiconde...
Et de **Rive** en **Riv** aille, en criant au **Thorent** :
Pour que je sombre, en vain ta rage a**Gasse l onde**...
Fantôme du passé,
Sur mon flanc cuirassé
Ton **Empire**
Vampire
Expire !

Étienne DUCRET.

Proverbe n° 108

L'occasion fait le larron

LES GAIS PROPOS

DE

M. BLAGUENVILLE.

Connaissez-vous M. Blaguenville? C'est un homme bien amusant que M. Blaguenville, et qui vous raconte des anecdotes et des bons mots à s'en tordre!

Je me suis trouvé, il y a quelques jours, dans sa société, et je vais vous conter à mon tour quelques-unes de ses histoires désopilantes.

LE MARSEILLAIS ET LE LIBRAIRE.

Le Marseillais. — Ze voudrais un livre.

Le libraire. — De quel auteur?

Le Marseillais. — De cette hauteur à peu près. (Il indique avec les mains la grandeur qu'il désire).

Le libraire, qui a compris son bonhomme, lui offre le premier volume qui lui tombe sous la main.

Le Marseillais prend le volume et le feuillette.

Le libraire. — Mais vous ne savez donc pas lire, que vous tenez le livre la tête en bas?

Le Marseillais. — Qué Tron dé l'air! si zé savais lire, est-ce que ze t'achèterais un livre?

ÉCHOS DU PALAIS-DE-JUSTICE.

Une affaire était appelée, et l'un des avocats n'était pas à son poste. Il arrive quelques minutes après.

— Pourquoi n'étiez-vous pas là ? demande le président.

— Je vous prie de m'excuser, mais j'étais en Cassation pour défendre un arrêt de la Cour.

— Vous n'aviez que faire d'y aller: les arrêts de la Cour se défendent tout seuls.

— Ils se défendent assez mal, monsieur le président, car on vient d'en casser un.

— Je voudrais bien une petite sœur ! Comment faut-il faire pour en avoir une ?

— Il faut la demander au bon Dieu, mon ange; c'est lui qui donne tout...

— Comment lui demande-t-on ?

— En faisant sa prière...

— J'ai déjà prié et je n'ai rien eu !

— Prie encore... et quand nous irons à Morteau tu iras voir le jardin du père Bruchoux.

— Maman ! le bon Dieu est peut-être comme grand-papa, qui veut toujours qu'on lui demande par écrit ?

— C'est encore possible !

— Eh bien ! je lui écrirai !

— Soit ! Mais par qui enverras-tu la lettre ?

L'enfant réfléchit un instant, puis fixant sur sa mère ses grands yeux pensifs :

— Ma lettre, reprit-il, eh bien, je la ferai porter au bon Dieu par le premier qui mourra!

Le curé du Mémont faisait en chaire, pendant la messe du dimanche, le catéchisme à ses paroissiens.

Il interrogea un petit garçon d'une dizaine d'années qui était assez embarrassé pour répondre.

— Le Père est-il Dieu?

— Oui, *mossieu*.

— Et le Fils est-il Dieu?

Comme l'enfant venait de dire qu'il n'y avait qu'un seul Dieu, et qu'il avait dit aussi que le Père était Dieu, il n'osait plus répondre du tout, aucun de ses camarades ne voulant se risquer à sa place.

— Mon brave, dit le curé, en s'adressant à un vieux militaire, montrez à ces jeunes gens que ce sont des ignorants, et que, malgré votre âge, vous savez encore mieux votre catéchisme qu'eux. Voyons, le Fils est-il Dieu?

— Pas encore, mossieu... mais à la mort du Père cela ne peut pas lui échapper.

Un libraire, désolé de l'insuccès d'un ouvrage qu'il avait publié, et dont il n'avait vendu que trois ou quatre exemplaires, s'en plaignait amèrement devant l'auteur:

— Avec de tels livres, disait-il, il n'y a pas même de quoi manger du pain.

Froissé de cette sortie, l'auteur avait riposté par un soufflet qui avait démeublé quelque peu la bouche de l'éditeur. Cité, pour ce fait, en justice:

— Messieurs, dit-il, je confesse que j'ai pris la chose avec trop de chaleur : je lui ai cassé les dents ; mais, après tout, où est le grand mal ? Mes livres, prétend-il, ne lui donnent pas de pain ; alors qu'a-t-il besoin de dents, n'ayant rien à manger ?

Un jeune docteur était venu s'établir dans une petite ville où il avait beaucoup plu et réussi.

Cela ne faisait pas l'affaire de ses vieux confrères ; ceux-ci se réunirent, une fois, pour chercher à lui jouer un bon tour qui lui fît perdre son prestige d'habileté.

Ils tirèrent donc au sort pour savoir lequel d'entre eux se présenterait comme malade chez le jeune docteur, qui ne les connaissait pas encore, et qui n'avait même nulle envie de s'inquiéter d'eux.

Le sort désigna en assemblée secrète le plus malin. Celui-ci, le jour dit, se présenta chez le jeune Esculape, et lui tint ce langage :

— Cher docteur, je suis atteint d'une maladie étrange : je ne sens de goût à aucun aliment, j'ai complétement perdu la mémoire, et j'éprouve, chose inouïe ! un irrésistible besoin de mentir ; et je ne puis, quoi que je fasse, m'en empêcher.

— Diable ! dit le jeune homme ; en effet, c'est étrange. Votre cas demande réflexion ; revenez dans quelques jours, j'espère pouvoir entreprendre votre traitement.

Quelques jours après, le vieux malin revient et trouve le docteur qui, très-gai, lui dit :

— Cela n'est pas aussi grave que je l'avais cru d'abord. Voici des pilules préparées par moi, et qui vous guériront certainement. Seulement, comme vous éprouvez un constant besoin de mentir, je ne puis me fier à vous. Prenez tout de suite une de ces pilules, et revenez chaque jour pour en faire autant, jusqu'à complète guérison.

Forcé d'en passer par là, notre consultant fait contre fortune bon cœur et ingurgite une pilule.

Il ne l'a pas plutôt mise dans sa bouche, qu'il fait une grimace horrible en s'écriant :

— Mais c'est de la......!!!

— Parfait, répond le jeune médecin (qui, on le voit, avait pris ses renseignements sur son faux malade). Vous voyez l'effet du remède : vous ne mentez plus.

A LA HALLE.

— Un petit garçon, arrêté devant l'étalage d'une marchande de poissons, s'amuse à les regarder dans tous les sens.

La marchande. — Que fais-tu à mes poissons ?

Le petit garçon. — Je leur parle.

La marchande. — Que leur dis-tu ?

Le petit garçon. — Je leur demande des nouvelles de leur pays.

La marchande. — Et que répondent-ils ?

Le petit garçon. — Ils disent comme ça qu'il y a plus de quinze jours qu'ils l'ont quitté.

EN POLICE CORRECTIONNELLE.

Le président. — Vous n'avez pas de moyens d'existence...

L'accusé, tirant un hareng de sa poche. — Eh bien, et ça ?

Profonde stupéfaction du tribunal.

————

Deux gentilshommes des boulevards extérieurs :

— As-tu soif ?? Je paye un verre...

— Si j'ai soif !... A quel café régales-tu ?

— Parbleu ! au café Wallace.

————

Un Normand et un Provençal défendaient la supério-rité, l'un du beurre, l'autre de l'huile ; ils avaient épuisé tout ce qu'on peut dire en faveur de l'un et de l'autre, et les auditeurs ne pouvaient encore se prononcer, lors-que le Provençal dit au Normand :

— Essayez donc de sacrer un roi avec du beurre !

Le Normand fut enfoncé, et la victoire resta à l'huile.

————

Jusqu'où va la science de la rhinoplastie !

Cham nous cite un monsieur qui, ayant été privé de son nez, s'en est fait greffer un artificiel en peau de poule.

Seulement cette peau a été prise... un peu bas sur le corps de l'oiseau.

De sorte que, toutes les fois qu'il se mouche, il trouve un œuf dans son mouchoir !

————

Proverbe n° 160
Il faut toujours respecter la vieillesse.

UN INVENTAIRE AU VILLAGE

LE GREFFIER ESTIMATEUR. — Une vieille chaise, deux casseroles et un banc sur lequel sont assis le notaire et l'huissier, le tout ne valant pas grand chose : 1 fr. 50 c.

J'entends toujours dire que quand deux joueurs jouent ensemble il faut qu'il y en ait un qui perde. Cela n'est pas toujours exact ; et la preuve, c'est que j'ai connu, dit Jacquot le Fin des fins, l'homme au beau débit, quatre joueurs qui ont bien bu et bien mangé, et qui en se retirant le lendemain matin avaient chacun 5 fr. pour bénéfice, et j'ajoute, dit le même Jacquot, qu'ils n'avaient pas joué avec d'autres.

C'était les quatre joueurs de violon qui font danser le jour des noces.

— Mon cère, zé trouvé lé moyen dé détruire lé phylloxera, zé viens pour tousser la prime.

— Ah ! dis-moi ça !

— C'est bien simple ; ze met un cien bull terrier dans chaque vigne.

— Je ne comprends pas.

— Tu ne me comprends pas ? Le bull terrier est le chien qui prend le mieux les rats ; si le phylox est rat... Tu y es !

Je ne sais sur quel théâtre de province, où une troupe nomade, ressemblant fort à celle du Roman Comique,

devait jouer la *Reine Margot*, les actrices vinrent à
manquer au moment de lever le rideau.

Le directeur, voulant sauver la recette, intima immé
médiatement à ses comédiens l'ordre de jouer les rôles
féminins.

Le régisseur devait faire la reine, mais il n'en finis-
sait pas de se travestir, et devant l'impatience du public
qui demandait : la toile, la toile ! le directeur, perdant
la tête, vint s'excuser en disant : Mesdames et messieurs,
une minute de patience : *la reine n'est pas encore
rasée.*

———————

Un vieillard de soixante ans, sur le banc des accusés,
s'entend condamner à vingt ans de travaux forcés.

— Oh ! merci, mon bon président, merci, je n'es-
pérais pas devoir vivre tant que ça !

Un pasteur protestant commentait la Bible dans un
pensionnat de jeunes filles.

— Il faut apprendre à souffrir sans se plaindre, disait-
il à ses jolies disciples. Ayez toujours présentes ces
paroles des Saintes Ecritures : « Si l'on vous donne un
soufflet sur la joue droite, présentez aussitôt la joue
gauche...»

— Mais, fit à mi-voix une espiègle de quinze ans, si
c'est un baiser qu'on vous donne?

Le pasteur sourit et ne répondit pas.

M. Prud'homme a mené son fils voir les inondations.
Arrivé près de la passerelle de l'Hôtel-Dieu, l'adolescent
s'écrie :

— Oh! papa!... l'eau qui est dans l'hôpital!

Et M. Prud'homme de répondre;

— Voilà où mènent les débordements!

Il y toujours, il y aura toujours des enfants terribles. Dernièrement, un père demandait à son fils, âgé de dix ans, pourquoi il ne gagnait jamais de prix : — C'est ta faute, lui répondit l'enfant : pourquoi n'as-tu pas invité mes professeurs à notre dernier dîner?

MOTS DE PALAIS

Qui n'a pas connu M. Séguier? On se rappelle que ce président n'était pas l'indulgence même, et traquait les avocats par tous les moyens possibles.

Un jour il rencontre dans la salle des Pas-Perdus Mᵉ C... en robe et le visage orné d'une magnifique paires de moustaches, agrément qui à cette époque était absolument interdit aux défenseurs.

— Ah! ah! fait M. Séguier, il paraît, maître C..., que vos moustaches ont crû!

— Elles ont cru... répondit celui-ci en riant, elles ont cru que vous les laisseriez pousser!

Un autre jour (c'était au commencement de sa carrière) qu'il plaidait pour un incendiaire et qu'il fallait enlever le jury, M. C... fit un tableau des plus touchants de la misère de son client: « Le voyez-vous, disait-il, sans pain, sans abri? Ah! messieurs, mettez-vous à sa place, pensez qu'il avait faim, qu'il avait froid, qu'il ne savait comment se réchauffer!

— Pardon, fit le président, mais ce n'était pourtant pas une raison pour brûler tout un village!

Me C... rougit; il avait embrouillé deux affaires.

— Excusez-moi, messieurs, dit-il aux jurés, je me suis trompé de dossier; ayez la complaisance de retenir ce que je vous ai dit, pour un voleur de bois que j'aurai l'honneur de défendre devant vous tout à l'heure.

———

C'est le même avocat qui, voyant que le tribunal s'était endormi pendant sa plaidoirie, s'arrêta tout court.

Le silence ayant réveillé les juges:

— Je vous disais donc hier... continua-t-il sérieusement.

Les juges se regardèrent fort embarrassés; il était évident que quelques-uns d'entre eux se croyaient endormis depuis la veille.

———

On se rappelle les réponses de Me C... Il avait beaucoup d'esprit, ce qui est rare, mais il possédai une déviation de la colonne vertébrale, ce qui est fort désagréable. Demandez plutôt à M. M...

Or, un jour la partie adverse, fort animée contre lui, après l'avoir longuement injurié, terminait ses compliments par cette phrase: Vous savez bien, monsieur le président, que cet avocat ne demande que plaies et bosses!

— Dieu sait que je n'ai jamais demandé celle-là! fit M. C... en désignant son omoplate.

———

Deux messieurs se jettent sur un canapé et appuient leur têtes sur le dossier.

La maîtresse de la maison s'écrie :

— Ne vous appuyez pas sur ce meuble, il n'y a pas de housse!

— Oh! ne craignez rien, dit l'un des visiteurs, je ne mets jamais de pommade.

— Et moi, dit l'autre, qui était chauve comme un genou, je ne mets jamais... de cheveux.

———

C'était au treizième siècle, sous le roi Philippe-Auguste :

Un jour, un de ses fous de cour vint lui demander un ample secours sous le prétexte qu'il était son parent.

— De quel côté et à quel degré ? demanda le roi.

— Nous sommes frères, si j'en crois des hommes doctes et probes, oui, frères du côté d'Adam. Seulement, on a mal partagé l'héritage entre vous et moi.

— Tiens, frère, répondit le roi, je te rends la portion qui constitue ta légitime.

Et il lui donna une obole, en ajoutant :

— Quand j'en aurai rendu autant à tous mes frères et parents, il ne m'en restera plus autant. Ainsi, tiens-toi pour avantagé.

Le bouffon était bien du treizième siècle, mais le roi n'eût point passé pour un sot au dix-huitième.

———

Les honoraires des avocats ne sont pas ce qu'un vain peuple pense.

Un jour que M. de Morny recevait M. Rouher à dîner, il lui demanda quelle cause il avait plaidée la première de toutes.

Comme M. Rouher se faisait prier :

— Combien avez-vous gagné ? lui demanda le duc.

— Eh bien ! dit M. Rouher, j'étais fort jeune, un paysan auvergnat vint me trouver pour plaider sa cause. Je la plaidai assez bien, je l'avoue, et je la gagnai.

« — Combien me prendrez-vous ? me demanda le paysan.

« — Eh bien !... deux francs, lui dis-je en souriant.

« — Deux francs ? répéta le paysan, comme s'il avait mal entendu ; oh ! que c'est cher ! Vous me passerez bien cela pour vingt-huit sous ?

« — Non, quarante sous ; quarante sous ou rien.

« — Ah ! ma foi, j'aime mieux rien, fit le paysan ; et il sortit en me saluant très-poliment. »

Autre histoire d'avocat, de l'un des maîtres du barreau, qui nous a prié de ne pas le désigner autrement.

Il s'agissait de défendre un affreux gredin, un voleur pour qui l'effraction n'avait plus de secrets.

Le misérable fait appeler son avocat dans son cachot, le regarde profondément, sourit d'un air de supériorité en voyant sa jeunesse, et lui dit familièrement, en lui montrant une chaise et en s'asseyant sur l'autre :

— Mets-toi là, mon petit ! D'abord et avant tout, la

peine que tu auras mérite un salaire ; tu vas être grassement payé.

L'avocat, étonné, regarde cet homme, qui n'avait pas de coffre-fort, et qu'on avait dû fouiller avant de l'incarcérer.

Au bout d'un instant, celui-ci, ayant détaché son pantalon, aligne sur la table cinq louis chauds comme braise.

Probablement il avait l'habitude de s'asseoir sur son porte-monnaie.

L'avocat se garda bien de les accepter, et se sauva comme eût fait son client, s'il avait pu...

AU VILLAGE.

La famille X... a loué un petit appartement au bord de la mer, chez un brave paysan.

Le jeune Toto, monté sur la margelle du puits, s'y livrait aux plus dangereuses cabrioles.

—Ne vous penchez pas comme ça au bord du puits, monsieur Toto, s'écrie le brave paysan. Vous n'auriez qu'à tomber dedans, et je serais obligé d'aller chercher de l'eau à trois kilomètres d'ici !

Manon se querellait avec une vieille ; celle-ci l'appela catin. La jeune lui riposta, en l'appelant vieille sorcière. — Tu trouves donc, reprit la vieille, que j'ai deviné ?

Proverbe nᵒ 199

Cœur qui soupire, n'a pas ce qu'il désire.

HISTOIRE DE MAÇON.

Un entrepreneur vérifiait les comptes d'un gâcheur.

— Voyons, disait-il en examinant la première colonne : 5 et 2 font 7, et 8 font 15 et 6 font 21 : je pose 1 et je retiens 2. Ici le maçon fait un soubresaut qui passe inaperçu.

Maintenant, nous faisons : 2 et 7, 9 ; et 6, 15 ; et 9, 24 ; et 8, 32 ; je pose 2 et je retiens 3.

Le maçon, entre ses dents : — Comme c'est agréable !

Mais l'entrepreneur, poursuivant :

— 3 et 9 font 12, et 8, 20 ; et 7, 27 ; et 9, 36 ; et 6, 42 : je pose 2 et je retiens 4.

Cette fois, le maçon poussa un rugissement formidable.

L'entrepreneur. — Eh bien ! qu'est-ce que c'est ?

— Comment ! qu'est-ce que c'est ? Vous retenez chaque fois un franc de plus...

— C'est clair, je retiens 4...

— C'est ça, ne vous gênez pas : 4 et puis 3 et puis 2, cela fait 9,.. et pour moi, qu'est-ce qui restera ?

— Vous n'y êtes pas, mon ami ; il s'agit d'une simple addition...

— Addition ! addition ! moi je dis que c'est une infamie, crie le maçon hors de lui ; et d'un coup de poing envoyant à dix pas le chapeau de l'entrepreneur :

— Tenez, retenez encore celui-là, pendant que vous y êtes.

6

Le général S... fut le héros d'une aventure qui décida de sa fortune.

Il était, en Afrique, capitaine d'une compagnie d'infanterie de ligne. Après vingt ans de service, mécontent de ne pas avancer, il voulait donner sa démission. Un jour, il fût commandé pour une revue. Sa compagnie manœuvrait mal ; le général D..., furieux, s'écria :

— Quel est le capitaine imbécile qui commande cette compagnie?

Le futur général s'avança et dit à son supérieur :

— Le capitaine qui commande c'est moi ! l'imbécile c'est vous !

Quelque temps après, M. S... était commandant et devint général.

UN JOUEUR MANIAQUE

Un joueur terrible, c'était le général V... Au retour d'une campagne, sous l'Empire, il arrivait au Palais-Royal, enflammé comme au moment d'une charge de cavalerie. Voici comment il procédait : un domestique se tenait à ses côtés avec une sacoche pleine d'or ; le général y puisait à deux mains, et déposait la masse sur la rouge invariablement. La noire sortait. Le général se frottait la nuque avec une sorte de colère concentrée, déposait une seconde masse et attendait l'arrêt du sort. Si la fortune était encore une fois contraire, il tirait son sabre et disait au croupier : « B..... de brigand, si tu ne tires pas une rouge, je te f... ceci dans le ventre. »

Il va sans dire que la rouge ne sortait pas, et que pourtant le général ne f...... rien dans le ventre du croupier, il ne f...... que ses louis sur le tapis.

LES ENFANTS

On racontait à mon bambin l'histoire du petit Chaperon-Rouge. Avant d'entrer dans le cœur du drame, on lui avait fait une description des plus alléchantes de la fameuse galette que le petit Chaperon-Rouge porte à sa mère-grand : bien beurrée, bien feuilletée, bien dorée, enfin, la reine des galettes.

Quand on lui eut narré comme quoi le loup avait avalé le petit Chaperon-Rouge, après avoir englouti la mère-grand, l'enfant semblant redoubler d'attention :

— C'est fini, lui dit la maman.

— Comment fini?

— Sans doute.

— Et la galette? qui est-ce qui a mangé la galette?

— Est-ce que c'est vrai, mo'sieu d'Alby, que tu couperais des liards en quatre?... Sapristi! comment donc que tu peux faire?

— Que tu es donc godiche de venir tous les matins comme ça pour que papa te mette de l'argent dans ton affaire... puisque tu vas faire banqueroute.

UN BON CERTIFICAT D'ADJOINT.

En l'apecence du maire nous sou si niais cerre tifions
que le nomé Chiressot prépozé a la descouverte des
bettes puhantes ayant déjà obtenu avec nous un plumet
d'onneur come le meilleurre pompié du pays nous a
déclaré avoire tuer une louve près de lizierre du bois
dont il avet rencoutrer les pattes. Moi adjoint et greffié
accompagné d'un autre membre du conseil, **nous**
nous sommes transporter de suite sur les dites pattes,
nous avons reconnu que ça puait tout autour de nous
et que la bètte avait été açommé non pas d'un cou de
fuzi mais d'avec un brin de fagot tenant à concetater
exhaquetement le cesque de l'animale nous avons
reconnu que ladite louve était un loup pour laquelle
raison nous n'avons pas retirer les louvetot de son cor
ni accordé la prime qui est pour la louve seulement. Et
moi greffié adjoint, ai reconnu ledit loup pour l'avoir
tiré dans une battue faite au bois bannal il y a cinq ou
six ans et toujours accompagné de l'autre conseillé,
auquel nous avons coupé les oreilles pour être annecçé
au procès verbal et montrer à monsieur le préfet en le
priant de partager la prime entre le dit Chiressot et le
greffié qui a commencé à tuer la dite bête puante il y
a six ans.

GUGULANE, *adjoint.*

UN MOT D'UNE SIMPLICITÉ PRESQUE SUBLIME

Le gardien en chef du pénitencier de Tours,
nommé Bauny, vieux maréchal des logis de gendarmerie

en retraite, éprouvait les premiers symptômes du choléra. Une jeune sœur lui sert une espèce de punch au thé de menthe.

— Sœur Dominique, lui dit l'ancien gendarme, est-ce que vous n'avez pas peur de mourir ?

— Peur de la mort ! répond la religieuse, est-ce que vous en aviez peur quand vous étiez soldat ? Non, n'est-ce pas ? Eh bien le choléra, *ce sont les coups de fusil pour les religieuses.*

Dans un café du boulevard, deux messieurs, un homme de lettres et un journaliste, font tranquillement une partie de jaquet.

Tout à coup une discussion s'élève, puis s'envenime et finalement dégénère en dispute.

L'un de ces messieurs supporte les injures de l'autre avec un calme parfait ; mais, une fois l'insulteur parti — ou mis à la porte — les habitués lui demandent pourquoi il a eu tant de patience.

— Que voulez-vous ? répond notre doux ami, X... n'est pas un mauvais garçon, et je le connais depuis longtemps ! et puis, dans trois mois, quand il sera dégrisé, il regrettera bien sa sottise de ce soir.

Un Gascon, désirant aller de Lyon à Avignon, et n'ayant pas d'argent, prit un des bateaux express qui descendent le Rhône, se fiant à sa bonne étoile et à son adresse pour trouver un expédient qui lui permît de sortir sans payer.

Notre Gascon, qui était, comme on le voit, quelquepeu chevalier d'industrie, avise en route un couple composé d'un mari fort laid et d'une femme fort jolie.

Il apprend que le mari est porteur d'une carte de circulation pour lui et sa famille. Aussitôt son plan est fait.

On arrive à Avignon.

A la sortie du bateau, le contrôleur demande les cartes.

— Voici une carte de famille, dit le monsieur laid. Je suis le mari, madame est ma femme.

— C'est bon. Passez.

— Et vous, monsieur? demande le contrôleur au Gascon.

— Moi aussi.

— Passez, répéta le contrôleur étourdi.

Le fin compère ne se le fit pas dire deux fois.

————

— Dis donc, Coco, toi qui as été soldat, pourrais-tu nous dire ce que c'est qu'un calembour?

Coco. Ma foi, non; il faut demander cela à Gugu; lui qui a été officier dans les mobilisés, il doit le savoir.

Gugu (se rengorgeant comme un dindon). Un calembour, « c'est de ces nouvelles feuilles que le préfet envoye pour les élections. »

— Mais non, reprit Adolphe, un calembour c'est un jeu de mots. Ainsi, pendant nos fameuses campagnes de la Boussenotte et du champ Lazare, nous t'appelions lieutenant, bien que tu ne fusses que sous-lieutenant. Eh bien, suppose qu'un pays soit venu nous demander

ce que tu étais : « Il est sous-lieutenant, » aurions-nous
répondu. Les autres auraient cru que tu étais *soûl !*
Tu ne comprends pas ? Eh bien, supposons alors qu'au
lieu de t'appeler Gugu on t'appelle *Palognon,* et que
tu rentres soûl au quartier, comme cela t'arrivait
souvent dans ce temps-là ; les autres auraient dit, en
te voyant : « Il est *soupe à l'ognon.* » Voilà un calembour.

UNE HISTOIRE DE THÉATRE.

C'était en province. Laferrière devait jouer l'Idiot,
un de ses meilleurs rôles. La troupe qui le secondait
était fort mauvaise et fort intimidée de jouer avec lui,
surtout une malheureuse femme chargée du rôle de la
mère.

C'est à celle-là surtout que Laferrière donnait le
plus de conseils. Elle devait exécuter avec lui la scène
capitale du drame. — Au moment où l'Idiot commence
à reconnaître autour de lui, elle devait s'écrier, en le
serrant dans ses bras : *Mon fils, je suis ta mère !*

A toutes les répétitions Laferrière allait à elle, l'en-
courageait et lui disait :

— Cela ira très-bien ; — bon courage, ne vous inti-
midez pas. Vous n'avez qu'à dire : *Mon fils, je suis ta
mère !*

— Oh ! oui, monsieur Laferrière, mais je n'oserai
jamais jouer avec vous.

— Voyons, du courage, répétez avec moi : *Mon fils,
je suis ta mère !*

Cette scène se renouvela plusieurs fois. Le jour de

la représentation, pendant l'entr'acte, Laferrière monte dans la loge de la duègne et recommence avec émotion :

— Cela ira bien, — vous savez, tout dépend de cette scène, — je compte sur vous : *Mon fils, je suis ta mère!* et vous m'embrassez.

— Oui, monsieur Laferrière... « *Mon fils, je suis ta mère!* » Soyez tranquille.

La toile se lève sur le 5ᵉ acte. Laferrière joue avec la frénésie qu'on lui connaît. La duègne est auprès de lui, tremblante ; arrive le moment fatal.

— A nous, dit tout bas Laferrière avec un geste d'encouragement.

— Quelle est cette femme ? hurle-t-il, dans son rôle, quelle est cette femme?

— OH! MA MÈRE! JE SUIS TON FILS, répond la malheureuse, troublée.

Puis elle poussa un cri. Laferrière, qu'elle serrait dans ses bras, venait de la mordre jusqu'au sang.

Un homme de lettres rencontrant un journaliste sur le boulevard :

— Ah! je suis bien aise de vous voir, lui dit-il d'un air pincé. Il paraît que vous avez dit, hier soir, chez la comtesse de Z..., que je n'avais aucun talent?

— C'est faux, s'écria le journaliste en protestant énergiquement, c'est archi-faux! Je n'ai pas dit aucun!

LES ÉTRENNES A LA CAMPAGNE

Le facteur : Bonjour, père Bezillot, je vous souhaite une bonne année, une bonne santé, accompagnée de plusieurs autres, le Paradis à la fin de vos jours.

Le père Bezillot : Je te remercie, mon garçon, et je t'en souhaite autant.

Le facteur : Voici une lettre qui vient d'Afrique sans être affranchie, c'est probablement de votre fils.

Le père Bezillot, regardant la lettre : Oui! C'est bien son écriture. Il m'écrit pour me souhaiter la bonne année, sans doute : cela me suffit. Donc il n'est pas mort puisqu'il m'écrit; alors tu peux remporter ta lettre, je garde mes huit sous.

Entendu à une revue :

— Sapeur, vous avez oublié votre plumet.

— As pas peur, mon commandant, le temps d'aller jusque chez le marchand de vin, et je le rapporte !...

M. B..., le banquier mélomane bien connu, passe pour être d'une avarice sordide.

L'autre jour, il eut une conversation sur le perron de la bourse avec un coulissier, qui s'écria en le quittant :

— Je me sauve, parce que j'ai vu le moment où il allait me demander des intérêts pour m'avoir *prêté* ses oreilles dix minutes.

Lettre à mon propriétaire :

Monsieur,

Je croyais demeurer dans une maison bien habitée, mais je m'aperçois que ma voisine, Mlle Amanda, sort plusieurs fois dans la soirée et ne rentre jamais seule. Je vous prie donc, etc.

Réponse de mon propriétaire :

Je suis désolé de ce qui arrive. J'ai déjà fait plusieurs observations à Mlle Amanda, votre voisine : c'est comme si je chantais, et pourtant, on lui a déjà fait manquer un mariage.

Croyez, etc.

Le vieux général X... vient d'épouser une toute jeune fille.

Il rencontre un de ses anciens camarades de promotion et lui annonce son mariage.

— Sacrebleu ! à ton âge !

— Mon cher, elle est jeune et je suis vieux, mais je suis riche et elle était pauvre : cela se compense.

— Cela se compense et se *récompense*, fait le grognard dans sa moustache.

On causait devant Dennery d'un peintre dont le talent est aussi mince que la fortune.

— Comment fait-il pour soutenir sa femme et ses enfants ?

— Dame, il vend, quand il peut, ses tableaux.

— C'est donc ça qu'ils vivent de croûtes !

Baptiste, qui vient d'entrer au service d'un oculiste très en vogue, rencontre, dans les premiers jours de sa nouvelle entrée en place, un autre domestique avec lequel il est lié.

On parle des maîtres de chacun.

— Le mien, dit l'ami, reçoit beaucoup de monde ;

Proverbe n° 90

Comme on connaît les saints, on les honore.

tous les soirs la maison est pleine, et on s'amuse, faut
voir.

— Parbleu, répond Baptiste, le mien aussi en reçoit
du monde. Le salon ne désemplit pas; seulement, ce
n'est pas le soir, c'est de deux à quatre heures. Et puis,
ils ne s'amusent pas tant que ça; ils ont tous l'air
d'avoir mal aux yeux.

Jolie coquille dans un journal financier.

Après l'annonce d'une de ces mille sociétés financières
invraisemblables :

« Le payement des coupons du semestre se fait tous
les jours au piége de la Société. »

Un ancien merveilleux, qui a eu à ses pieds les
femmes les plus gracieuses au temps de sa splendeur,
est passé de là à un état de gêne difficile à dissimuler.

Un jour pourtant on annonce son mariage, et il revient
sur l'eau complétement remis à flot, mais flanqué d'une
jeune femme d'une maigreur phénoménale.

— Comment, mon cher, lui dit un de ses amis, avez-
vous pu épouser une personne aussi peu étoffée ?

— Que voulez-vous ? j'allais peut-être me noyer;
j'ai été bien heureux de trouver cette *planche de salut*.

Le bourreau de Paris se nomme Roch; il eut à faire
un jour à un client facétieux et observateur qui lui dit :
Comme votre instrument est *bas Roch* (la plate-forme
de la guillotine venait d'être supprimée) ! — Oh ! répondit M. Roch, c'est que vous le voyez en *raccourci*.

Clichy. — Impr. Paul Dupont, rue du Bac-d'Asnières, 12. (269, 4-7.)

www.ingramcontent.com/pod-product-compliance
Lightning Source LLC
Chambersburg PA
CBHW060839250626
47162CB00005B/2114